民國文存

104

過渡時代之思想與教育

蔣夢麟 著

知識產權出版社

本書對民國時期的社會思想和教育問題進行探討，作者抓住當時的時代特點——過渡，從語言的從文言文到白話文的過渡、社會思想的過渡、教育思想和體制的過渡等問題，展開充分的分析和深入的研究，對於瞭解民國時期社會的轉變具有重要的參考價值。

　　本書適合對民國時期的社會思想和教育問題感興趣的研究者和讀者參考與閱讀。

責任編輯：文　茜　　　　　　責任校對：潘鳳越
封面設計：正典設計　　　　　責任出版：劉譯文

圖書在版編目（CIP）數據

過渡時代之思想與教育/蔣夢麟著. —北京：知識産權出版社，2016.12
（民國文存）
ISBN 978-7-5130-4556-8

Ⅰ.①過…　Ⅱ.①蔣…　Ⅲ.①教育理論—文集　Ⅳ.①G40-53
中國版本圖書館 CIP 數據核字（2016）第 257318 號

過渡時代之思想與教育
Guodu Shidai zhi Sixiang yu Jiaoyu

蔣夢麟　著

出版發行：知识产权出版社 有限責任公司
社　　　址：北京市海淀區西外太平莊 55 號　　　　郵　　編：100081
網　　　址：http：//www.ipph.cn　　　　　　　　郵　　箱：bjb@cnipr.com
發行電話：010-82000860 轉 8101/8102　　　　　傳　　真：010-82005070/82000893
責編電話：010-82000860 轉 8342　　　　　　　責編郵箱：wenqian@cnipr.com
印　　　刷：保定市中畫美凱印刷有限公司　　　　經　　銷：新華書店及相關銷售網點
開　　　本：720mm×960mm　1/16　　　　　　　印　　張：18.25
版　　　次：2016 年 12 月第一版　　　　　　　　印　　次：2016 年 12 月第一次印刷
字　　　數：225 千字　　　　　　　　　　　　　定　　價：59.00 元
ISBN 978-7-5130-4556-8

民國文存

（第一輯）

編輯委員會

出版前言

　　民國時期，社會動亂不息，內憂外患交加，但中國的學術界卻大放異彩，文人學者輩出，名著佳作迭現。在炮火連天的歲月，深受中國傳统文化浸潤的知識分子，承當著西方文化的衝擊，內心洋溢著對古今中外文化的熱愛，他們窮其一生，潛心研究，著書立說。歲月的流逝、現實的苦樂、深刻的思考、智慧的光芒均流淌於他們的字裡行間，也呈現於那些細緻翔實的圖表中，在書籍紛呈的今天，再次翻開他們的作品，我們仍能清晰地體悟到當年那些知識分子發自內心的真誠，蘊藏著對國家的憂慮，對知識的熱愛，對真理的追求，對人生幸福的嚮往。這些著作，可謂是中華歷史文化長河中的珍寶。

　　民國圖書，有不少在新中國成立前就經過了多次再版，備受時人稱道。許多觀點在近一百年後的今天，仍可說是真知灼見。眾作者在經、史、子、集諸方面的建樹成為中國學術研究的重要里程碑。蔡元培、章太炎、陳柱、呂思勉、錢基博等人的學術研究今天仍為學者們津津樂道；魯迅、周作人、沈從文、丁玲、梁遇春、李健吾等人的文學創作以及傅抱石、豐子愷、徐悲鴻、陳從周等人的藝術創想，無一不是首屈一指的大家名作。然而這些凝結著汗水與心血的作品，有的已經罹於戰火，有的僅存數本，成為圖書館裡備受愛護的珍本，或成為古玩市場裡待價而沽的商品，讀者很少有隨手翻閱的機會。

鑑此，為整理保存中華民族文化瑰寶，本社從民國書海裡，精心挑出了一批集學術性與可讀性於一體的作品予以整理出版，以饗讀者。這些書，包括政治、經濟、法律、教育、文學、史學、哲學、藝術、科普、傳記十類，綜之為"民國文存"。每一類，首選大家名作，尤其是對一些自新中國成立以后沒有再版的名家著作投入了大量精力進行整理。在版式方面有所權衡，基本採用化豎為橫、保持繁體的形式，標點符號則用現行規範予以替換，一者考慮了民國繁體文字可以呈現當時的語言文字風貌，二者顧及今人從左至右的閱讀習慣，以方便讀者翻閱，使這些書能真正走入大眾。然而，由於所選書籍品種較多，涉及的學科頗為廣泛，限於編者的力量，不免有所脫誤遺漏及不妥當之處，望讀者予以指正。

目　錄

第三編　教育方向的轉變

第四編　人生哲學與道德教育

第五編　兒童心理與歷史教授法

第六編　歐戰以後的教育問題

第七編　對北大學生說的幾句話

第八編　雜　錄

引　言

　　這幾篇文章，是著者於民國七年至十一年間作的。民八以前的，都用文言；民八以後，都用白話。我國作品普徧用白話文，是民八以後開始的。這是從文言到白話文體的很短促的一個過渡時代。吾國思想的轉變，起於戊戌變政，於辛亥革命前後則加甚。民五歐戰爆發，世界震驚，思想政制於以動搖，國人受其刺激，民八以後遂爆發而不可遏。發動於學校，波及於各界，全國空氣，頓形緊張。著者這幾篇文章，於民八前後五年間作的，正當吾國思想劇變之際。又所發表的言論，多關於思想和教育方面的。復讀此五年間的言論，先後尚能一貫。分類別序，彙集而成八編。自信尚足以代表這五年間過渡時代的思想與教育的一部分言論。因以首篇之“過渡時代之思想與教育”名全書。讀者以此書作此五年間吾國思想與教育轉變和個人努力的小小的一個陳跡看可；以此書為背景，作討論目前之思想與教育問題之參考，亦無不可。總之，書中所討論的問題，無論個人見解的是非深淺，大都是目前仍然存在，迫切要求研究和解決的。

　　著者於民國八年，投入了北京大學裏的學校行政的旋渦，起初尚兼教學而略從事作文。其後因受政治不良的影響、革命心理的衝動、頻年學潮洶湧，又因學款積欠過鉅，疊起教潮；行政事務逐漸加多，學問功夫逐漸減少。至民十一以後，簡直成了單純的學校行政者。積重難返，索性把筆擱起了。

民十五因政變離校，蟄居東交民巷三個月。離平後，蟄居滬濱又半年。民十六起，任浙江省教育行政一年有半。民十七起任中央教育行政兩年，十九年去職而復來北京大學。故自民十一以來而至今日，或膺簿牘之煩，或受擾攘之苦，而與學問生活漸離漸遠，為時已十年了。

回溯民七至民十一之間，從文字上而使吾國思想界生轉變者，有《新青年》，其文學革命、思想革命之鼓動，影響青年最大。其後北京之《每週評論》、上海之《星期評論》，和其他的刊物，亦不無相當之勢力。其他如胡適之《中國哲學史大綱》，實開以科學方法研究國學之先例。以機關而論，則不得不想到當年北京大學之提創文化運動。以羣眾運動而論，民八之五四運動，實發其軔。這幾種事件所生的結果為：（1）以白話文為傳播思想之工具；（2）以科學方法為整理國故之工具；（3）把中國固有文化重新估量價值；（4）個性的發展和改變人生的態度；（5）羣眾的愛國運動；（6）表同情於農工。明白了這幾點，知著者之言論主張，自有其背景。

此種運動之初期，其根本的精神為求個人的釋放和思想的自由。其餘種種運動，均以此精神為出發點。其後蘇俄之無產階級專政成為事實；而國中青年正當思想解放之初期，解放既不澈底，又缺乏思想的根本訓練，日趨浮動而不切實際，故致終夜徬徨，無所適從；而蘇俄思想適應時而填其缺。又蘇俄所標榜之以平等待我主義，與其他各國對我之侵略史相比較，正可引彼為我之好友。因此兩種心理，而蘇俄思想與政治，一時遂支配了我國青年。

北方政治，既完全絕望，而中山先生適於此時期，在上海度其學者生活，閉戶而著建國方略，復在廣東高等師範講演三民主義。國民黨之政治主張，亦於此期間漸成系統化。同時國民黨革命事業，因處種種逆境而漸呈衰象。中山先生因欲吸收革命新分子，遂倡國共合作之議，不斷的與蘇俄信使相往還。合作剛告成功，不幸中山先生於十四年逝世於北平。舉喪之日，北平青年傾城往送，不下十萬人。偉大人格之感動青年，可謂深且遠了。

國民黨之政治革命，在求中國民族之自由平等；青年之思想革命，在求個性的發展和思想的自由；兩種革命勢力，合成了一個潮流，澎湃震蕩，造成了十七年國民革命軍的勝利。著者在本文裏要說的話，就於此完了。惟近年以來，發展個性，漸趨於浮薄的自利主義；愛國運動，漸趨於膚淺的標語運動。國中青年，復因外受世界經濟劇變之壓迫，內受農村破產國民經濟基本動搖之威脅，徬徨歧途，不知從那條路走纔好！這不在本文範圍以內，暫且不談了。

最後，還要說句話謝謝章君廷謙，這文稿經他費了不少的功夫搜集攏來的。

中華民國二十一年十二月，北平

第一編　過渡時代之思想與教育

過渡時代之思想與教育

　　思想一生物也，進行無時或息。世界文明，緣此不絕之軌線，逐漸進步，非可躐等而至也。吾輩讀史，有時見萬事停滯，人類之進步，似永無希望；有時見萬象頓新，人類完滿之幸福，似可一日而幾。以歐史而論，中古時代，綿綿長夜，亙踰千年，黑暗世界，生機幾乎盡殲；此千載中，思想界領袖，咸困於咀嚼文字之蛛網，而絕無發明新理之能力。迨文運復興時代（The Renaissance），曙光乍放，思想維新，其勢力漸推漸廣；歷改革時代（The Reformation），而達十八世紀，醞釀既久，遂成法蘭西之大革命。舊時一切之政治學術思想，幾一掃而空，史家稱之曰"光明時代"（The Enlightenment）。當時人民，以為一切革新，不日成功，洎乎十九世紀，始由革命觀念而入歷史觀念。至今日則為科學精神之時代（The Age of Scientific Spirit），一切政治、學術思想，無不貫之以科學，故二十世紀為科學時代。讀史者往往以中古世為一鴻溝，後此為舊，前此為新，後此為古，前此為今，實則非也。古今之過渡，其由來漸，非驟躋也。中古世非絕無生氣，不過其進行甚迂緩耳。以其迂緩，故人不易見。

　　人類之歷史為接續的發展，綿綿延延，無時或絕，但有隱而難見、顯而易見二者之別而已。過渡時代，人以全力思所以排除舊習，啓發新猷，擯棄舊器，製造新械。初則舊習固而難破，既則舊基礎動搖，而新者不足以繼之。全國思潮，紛亂錯雜，流連徬徨，民不知何所適從。此種彰明較著之徵象，固顯而易見者也。

今請以歐史中之過渡時代，約略言之；並察其教育思潮之如何，與中國現在之情形比較論之；於吾國教育之進行，不無裨益。吾國近二十年來，經過種種變更，歐化橫來，文明之基礎動搖。其變故之大，兼希臘、中古與十八世紀三大時代而共之。且今日之歐戰，復推其波而助其瀾。故國民思想之錯雜，人心之惶惑，雖國中學界巨子，亦覺目眩神昏，不知向何方而進行。是以近年來國民擾攘不已，智者懷寶而善身，狠者持刀以行劫，士子竊言，腐儒盜德，政綱既改，武夫乘機。吾輩處此過渡時代，當操何術導此漂蕩之舟而登彼岸乎？識往事而知來者，吾不得不借鑑於歷史。

先言紀元五世紀前之希臘。當是時也，希臘社會中有數種之新勢力澎湃而生。其最要者，為政治之基本改革。當紀元前六世紀時，舊時之貴族憲法，蛻變而為民權憲法；官職之為市民所選舉者已不少；議會得放逐不法之官吏；市民之政權日增；故必須受一種相當之訓練。然而舊教育則無此訓練，以應新生活之要求。

希臘與波斯之戰，藉雅典之力，得奏凱旋，故雅典為希臘諸國之盟主。商務日盛，新思想因之而輸入，使臣往還，旅行者亦紛至沓來，雅典遂成一新思想釀造之場。於是一種新哲學家起，倡"以個人眼光判斷是非"之學說，雅典人之遊歷各國者亦日眾。故其國民所抱之觀念日廣，各種新思想，均受歡迎。新思想來，則舊思想不免受其打擊，而減殺其固有之勢力，或被屏棄，或受影響而革新。雅典遂大變其往日之眉目，自一孤寂之小城，一躍而為世界之孔道，成新智識交換之場矣。

　　雅典受政治、社會、經濟諸變遷後，希臘社會之基礎為之動搖，人民之新生活因是而起。此可與中國現時情形作平行之比較。中國自採取共和政體以來，政治之基礎大變。握政權之皇帝既去，代之以人民所選舉之國會，因此驟生一班所謂新政客者。民國元、二兩年之際，各都會法政學校之設立，如春園之筍，徧地皆是。蓋一般青年，羨政治之榮譽，欲藉此為進身之階也。

　　中國天產豐富，久為歐人所垂涎。數十年來中國之外交史，不外為西人爭奪利權之舞臺而已。外人闢戶而來，欲開我寶藏；我以能力所及，則拒之；不及，則敷衍之；能力既不足，敷衍又不成，則讓權利、土地以畀之，以求旦夕之安。吾國人初則以為西人之強在槍礮，故設兵廠，立海軍，以冀抵禦外侮。甲午之役，海軍盡殲；於是知國弱之原，在於政綱不振。戊戌政變，為改革庶政也。庚子拳禍，肇自頑固之朝臣。中國受此大打擊後，國幾不立。於是愛國志士，奔走號呼。政治革命之潮流，遂奔騰而不可遏矣。

　　民國成立以來，疊經政變，以武力定是非而是非不明，政爭更不可遏。近年以來，國民漸知社會不良，政治恐難有改良之日。社會事業之思想，漸漸起矣。

　　因通商外交而輸入新思想，因新思想而激動政變，經濟及社會亦隨之而變，而家庭，而道德，而美術，而人民之生活，均受基本的打擊而動搖，此之所以謂過渡時代歟。

　　以種種之變遷而論，中國近年之情形，與希臘紀元前五世紀甚相似也。希臘政治、經濟、社會之變遷，前已言之矣。今請言其文學與道德之變遷。紀元前五世紀之前半，希臘之文學注重悲劇；演之於戲曲，則多涉道德、社會、宗教諸問題。此悲劇之基礎，為義與利之衝突（即道德上之義務與個人之好尚相衝突）；以國家之義務為上，個人之好尚為不足輕重（與中國舊劇之以忠孝為本相似）。逮至此世紀後半，其戲劇以個人之好尚為重，詼諧之劇起矣。

詼諧戲劇以指摘家庭、社會種種怪狀為問題。如因家庭之不睦而作嘲笑之語。或取男女之關係，或取政治之腐敗，或取教育之荒謬，造作喜劇。以社會所有之實情為原料，或褒舊貶新，或反之。惟以有趣味為目的，舊時宗教的意味，乃大失其勢力。

中國之變遷，與希臘多不謀而合。試觀吾國之舊劇本，除小戲為士君子所不談者外，何一非以忠孝節義為本？或以忠孝而褒之，或以不忠不孝而貶之，其用意同也，皆所以為移風化俗之具者也。個人之生命可犧牲，而忠孝節義之大道，不可移易；一般社會心理，信仰之如宗教。凡為殉忠孝節義而死者，哀其所受之痛苦，而敬其氣節，崇拜其神靈。近來之新劇則不然，不以忠孝節義為本，而以指摘家庭、政府、學校、社會種種怪狀為問題，與紀元前五世紀之希臘同也。

希臘紀元前五世紀時，非惟於戲劇為然，卽道德與宗教，亦受同樣之變遷。希臘道德之原，半出於神話，相傳旣久，以神權為道德之基礎。此種多神宗教，對於國家、家庭，多所維持。個人以效忠於國家、家庭為神聖之義務，崇勤儉，斥奢侈，褒公德而貶個人權利之爭。逮乎五世紀（紀元前）神話之勢力頓薄，神權道德之信仰大減。舊時道德之基礎，墮落無餘；然而新道德（以思考為基礎之道德）之勢力，未能普及於國民，以為舊道德之替代。故絕端懷疑派與無思考力之守舊派，大起衝突。全國擾攘，莫知其極。由懷疑而重自由，自由過而至於淫逸放恣。講新道德學者，將舊時道德之基礎，盡行毀棄。於是昔時之禮讓威儀、急公好義之品格，一變而為漂薄浮躁、急私忘公之性情。社會勢力，大都以舊時道德觀念為無可取，甚至以不道德之行為為足多者。蓋其多合乎時尚之所謂思考也。

論以上所述之情形，則詭辨學說（Sophism）之出現，亦理之所必然。詭辨學說之主張曰：“具有斷定是非之能力者惟人而已。”換言之，即“人為事事物物之權衡也”（Man was the measure of all things）。時人視詭辨學家，為傳布不道德之教訓者。然以其學派而論，實無所謂不道德。蓋彼派實無甚全體一致之主張。其所同抱之宗旨，不過曰，心無一定不變之觀念，行為無一定不變之標準，“惟人也者，為事事物物之權衡耳”。蓋此對個人而言也。希臘個性主義，萌芽已久，個人於道德上及教育上，漸占重要地位；至此而大放光明，為純粹之個人主義矣。

中國自與西洋文明接觸以來，舊道德之勢力漸減（我國之舊道德，以家屬為基礎）。工商業日興，交通日便，而家庭之勢力日薄，個人主義遂漸漸露其面目。勢將愈趨愈甚，非數輩舊道德家所得而抑制之，亦非數冊舊道德書所得而防止之。新思想來，舊日之道德信仰，必為所打擊而失其勢力，亦理所必然。希臘如是，吾國亦如是。舊基礎動搖，挽救之道無他，築一新基礎以代之而已。此希臘哲學家所藉以解決當時之問題者也。

當時希臘大哲學家，如蘇格拉底者，即築此新基礎之一人也。希臘之教育亦然。當時一般教育思想，以個性為人生價值之基礎。凡往日之教育宗旨，以政治、社會、家庭等所要求為人生之價值者，則盡為所擯棄。故當時所需要者，為一以個人為本位之人生觀，並一己對於他人之道德關係（此為西洋人生哲學之基礎，讀者不可不注意之）。而應其需要，倡此學說之人，即蘇格拉底也。

蘇格拉底以詭辨派“人為事事物物之權衡”之學說為起點，更進一層而言曰：人既為事事物物之權衡，則人之第一責任為識其自己。於是以"識己"為一生之功夫，專心致志，持躬反省。蘇氏遂開希臘思想界之生面。其言曰：在個人自覺之中，與夫人之德性之內，道德之標準存焉。此標準即人生之目的、教育之宗旨也。以社會遺傳之習慣為道德之標準，希臘之舊道德也，在此過渡時代，已失其勢力。以自覺之中，德性之內，而立道德之標準，希臘之新道德也，蘇格拉底倡之，以解決希臘之道德問題。

吾國之舊道德，為遺傳之習慣道德。今其勢力日益衰微，人人知之。建築新基，於蘇格拉底之言，其亦足有採取者乎？吾國今日個人主義之趨勢，吾輩固不得不承認之。而其問題，不在銷滅個人，而在斟酌個人與個人之關係也。換言之，此問題為個人之發展及個人與社會之調和也（按吾國陸王派之道德，為個人主義之道德。陸象山曰："天之所以與我者，至大至剛，我問你還要做一個人麼？"此至大至剛者即為心，故心為判斷是非之主。陽明曰："證諸吾心而是也，雖其言之出於愚夫愚婦者吾是之；證諸吾心而非也，雖其言之出於周公孔子者，吾不敢以為是，況其言之非出於周公孔子者乎！"陽明名此光明正大之心曰良知，為判斷是非之主宰。）。

歐洲自中古過渡至近世，為歐史中過渡時代之最廣大者。以時而論，則自文運復興時代至十七世紀之末，為時三百年。以地而論，則南自意大利，北至瑞典、那威與英倫，為西歐之全部。以人類之思想而論，則哲學、科學、文學、美術、宗教、神學、法學、政治，無一不受根本上之改革。歐西思潮，受完全之變遷，而脫離遺傳習俗之羈絆。一言以蔽之，此數百年內，中古主義死，近世精神生。此近世精神惟何？曰：以思考為基礎，為不拘泥的研究；以世界為樂土，用全力開闢天產，供人生之需要；求人心與物質中所蘊藏之天然律，以為制天之具。教育興而中古之黑暗去；與亞洲通商而新知識新商品來；美術興而人民得燦爛華麗之娛樂；各種科學製造之發明起，新學之進步更速，中古主義之潛力亦因之而大減；尋獲新地，放大人民之眼光。以此種種之新猷，近世與中古世遂判若鴻溝矣。

雖然，時代之過渡，必不能於俄頃之間，與舊習慣驟相隔絕。無論思想如何新奇，宗旨如何激烈，新精神如何活潑，終不能與往時之思想，完全斷絕關係。自羅及陪根（Roger Bacon）至葛必樓（Kepler）、加利利亞（Galilio），更進而至紐頓（Newton），❶ 斯諸子者，雖自稱排去舊習，代以新理，而其學說中仍含古時之鑒空思想，新舊混雜。近人讀其書，未有不怪彼新學者，何多為舊思想所環繞而不能脫也。

中國近二十年來之變動，多類似西歐。論其時，不過二十年；論其地，則南自滇粵，北至滿蒙，無不受其影響；論其思想，則哲學、科學、文學、美術、宗教、法學、政治，無不受根本上之動搖；全國思潮，受完全之變遷，勢將脫離遺傳習俗之羈絆。余敢曰：此二十年內，舊主義奄奄待斃，近世精神已蒸蒸日上，非數輩頑固學者所得而摧折矣。此精神惟何？曰：歐西所有之思想，或已澎湃而不可息，或已成雛形而晨夕滋長矣。

十八世紀，歐西稱為"光明時代"者也。其最彰明較著者，為"法國之大光明"（卽法國大革命時 French Illumination）。其消極思想之趨勢，固得而言之。其在政治也，曰推翻專制；其在文學也，昌言掃除人民之苦痛；其在宗教也，曰誅殺惡僧。苟無假善名行絕

---

❶ 今譯依次為"羅傑·培根""開普勒""伽俐略""牛頓"。——編者註

惡之徒雜其中，則法國革命黨徒之行為，得代表法蘭西之完美精神。此精神維何？曰：民赫斯怒，振臂一呼，推翻腐敗之貴族，頑固之政府，齷齪之教堂，而造成光華燦爛之法蘭西。

吾國於改革以前之十年中，"法國大光明"時代之思想，充塞青年之腦海。盧騷（Rousseau）之《民約論》傳入中國，"自由""平等""天賦人權"等名詞，成為口頭禪。無論知與不知，莫不喜言之，以為如盡將舊時種種機關掃除，則中國便成極樂土。此所以武漢起義，全國響應，不數月而產出中華民國也。

教育思想，必與其所處時代之思想相共進行。當法國革命時代，"順天然"主義為時代之思想。以之言政治，則持民約論。以之言學術，則重科學。以之言人生觀，則重"自由"，重"天賦人權"。以之言教育，則重自然教育。盧騷曰："天生成的都好，人造的都不好。"故其教育主義，主張兒童自然之發達。中國當昌言"自由""平等""天賦人權"之時，學校之主持人，大都與此等精神居反對地位，故釀成罷學之風潮。後之政治革命，實於此已兆實行之端矣。

過渡時代，以消極思想為標幟。一般思想之趨勢，大都屬於破壞的。人民厭舊喜新，對於舊時道德，多抱懷疑。希臘之詭辨學者（Sophists）、十八世紀之思想家，可為消極學派之代表。吾國近年來之新思想家，亦多在此列也。

中國自有史以來，變遷之速，未有甚於今日者。以短促之時間，千奇萬變之經驗，相與並來。社會基礎，因之動搖。時代不仁，橫肆要求。大勢所趨，無可為力。嗟夫！我國人，其將何術以使中國與世界之時勢相調和乎？

歐化橫來，思想錯雜，學術衰微，民智昏曚，尊孔復辟，歐化共和，吾民其知之否乎？此就政治言也。若就社會言，家族主義漸破，個人主義日益萌芽，習慣之道德漸衰，個人之道德尚無標準；怒潮洶湧，蕩舟其中，回望故鄉，已出視線，前望彼岸，杳無所見。中國之前途，其誰知之？其誰知之？

雖然，中國之前途固無人能言之，吾輩鑿空懸想，推測將來，其誰能禁之？然後事之結果，或將與今日所懸揣者大相逕庭。"礎潤而雨，月暈而風"，簡單粗劣之比喻，不足為推測國家文明前途之具。現今科學世界，不容預言家置喙。預言家飽食終日，空談將來。科學家則不然，終日勤勞，無時或息，廣求精確之事實，以為研究之基礎，以歸納之方法，使事實與眞理相證明，為之雖不易，舍之實無他道。

中國舊時各社會機關，如家庭、國家、職業等，衰落破壞，為勢之所必然者；若欲恢復舊日狀況，勢必不能。舊日已逝，不能復返，欲登正道，惟有積極前進而已。社會種種徵象，由來已久，非一日所可掃除；吾輩惟積極進行，以能力所及者為之。證諸史乘，過渡時代之告終，必賴有積極思想。希臘過渡之代表，為詭辯學派，消極者也。蘇格拉底，代表積極思想者也。蘇氏學派出，希臘自過渡時代而達積極時代矣。歐西十八世紀，過渡時代也。如盧騷，如復泰（Voltaire，法國哲學家），代表消極思想者也。十九世紀之諸大學者，如康德（Kant，德國大哲學家），如孔推❶（Gomte，法國哲學家），如達爾文（Darwin，英國哲學家），斯賓塞（Spencer，英國哲學家），代表積極思想者也。由是言之，中國如有積極思想之大學者，而後始得自過渡時代而達積極時代。舊者已去，而欲挽之，愚也。不從積極建設着想，而徒事消極破壞，不過為過渡時代之產

---

❶ "復泰"，今譯 "伏爾泰"；"孔推"，今譯 "孔德"。——編者註

出物，為過渡時代之代表而已。

吾人之泥古，幾若第二天性。故與其彌補破爛之舊物，孰若消極而攻擊之？然而消極攻擊，不若積極建設之為愈。積極建設之道將奈何？厥有五種：

（1）定標準。標準不定，前後參差，民無所適從。有積極之標準，然後能將新思想傳布國中；否則千言萬語，人不知其用意之所在。昔孟子曰仁義，朱子曰窮理，陸子曰明心見性，陽明子曰良知，皆為便於傳道而立之標準，提綱挈領，便學者之易於適從也。

（2）定中心問題。一時之內，雖萬事紛紜，實則必有一中心點在。此中心問題為萬流歸源之所。孔子曰："為政以德，譬如北辰，居其所而衆星拱之。"是孔子以德為政之中心問題也。中心問題一定，則民得合羣心而趨向之，猶衆星之拱北辰也。

（3）新陳交換。凡破壞一舊思想，必求一新思想以代之。如我國舊有之家族道德既被摧折，必立個人道德以代之。

（4）適社會生活之需要。凡思想或道德之所以為社會所信仰者，必適應社會之需要。舊思想、舊道德之所以失其勢力者，以不合時勢也。若新思想、新道德於社會之需要無關，必不能生存也。

（5）方法。除舊啓新之最要者為方法。良法美意，往往因方法不善而難於推行。孔子曰："工欲善其事，必先利其器。"孟子曰："離婁之明，公輸子之巧，不以規矩，不能成方圓。"善哉言乎！

中國與世界交通後，必不能不應世界之潮流而圖進化。故欲言內部思想之改革，當先察世界之大勢。而歐美近世文化中犖犖大者，厥有二端：

（1）科學之精神。近世西洋學術，莫不具科學之精神。科學之精神云者，好求事實，使之證明眞理是也。凡鑿空臆度之學說而自以為眞理者，與科學精神相反對者也。

（2）社會之自覺。西洋之文明，根乎希臘之個性主義。個性主義云者，發展個人固有之能力，不使為外界所壓迫，養成一活潑、強健、靈敏之個人是也。西洋修身之基礎在乎此。結合多數之個人而成社會，故社會之興衰，個人之幸福繫之。人人對於社會有自覺心，卽社會之分子，自覺對於社會負責任是也。此卽所謂社會之自覺心也。

如何得以養成上述兩種之精神乎？厥有五端：

（1）科學發達，使人力得制天力；（2）進化（卽天演）學說，使人知發展、生長有天然律存；（3）歷史精神，使人知文明之進化為接續的，徒事去舊不足以啓新也；（4）審問事理，使人盡其心力而求眞理，不為無思考的信仰所羈絆；（5）民權主義之發達，使人知萬事之本位為自然人，不以職位、財力而定人之價值。

中國如欲出此過渡時代，當於上列諸點加之意焉。中國之教育，當與近世之精神相謀而並進。泥古之教育，為過渡時代以前之教育，不可行矣。消極破壞之教育，而無積極之進行者，為過渡時代之教育，可暫而不可久。若為今日之教育圖長久計，當取中國之國粹，調和世界近世之精神，定標準，立問題，通新陳交換之理，察社會要需，採適當之方法以推行之。

（七年二月，《教育雜誌》，

本文一部份意思採自 Amstrong's *Transitional Eras in Thought*）

第二編　思想的變動與
人生意義的追求

改變人生的態度

我生在這個世界，對於我的生活，必有一個態度；我的能力，就從那面用。人類有自覺心後，就生這個態度。這個態度變遷，人類用力的方向，也就變遷。

希臘時代，那半島的人民，抱美感生活的態度。"美是希臘做人的中心點。"（Dickinson：*Greek View of Life*，p. 87.）"無論宗教、倫理，和種種人生的活動，都不能和美感分離。"（Ibid.，p. 728.）"希臘的神。以世間最美麗的東西代表他。"（Maxims of Tyie）希臘人對於生活抱這美的態度，所以產生許多美術品和美的哲學，希臘文明就成了近世西洋文明的基礎。羅馬時代，人民對於生活，抱造成偉業的態度，所以建雄偉的國家、統一的法律、宏壯的建築、廣闊的道路。凡讀史的人，那一個不仰慕羅馬人的偉業呢？羅馬帝國滅亡，中古世起，一千年中，歐洲在黑暗裏邊；那時候人民對於生活的態度，是在空中天國，這個世界是忘卻了。所以這千年中，這世界無進步。

十五世紀初，文運復興，這態度大變。中古世人的態度，是神學的，是他世界的；文運復興時代人的態度，是這世界的，是承認活潑潑底個人的。丹麥哲學家霍夫丁氏（Hoffding）著《近世哲學史》，對於文運復興說道：

　　文運復興是一個時代，在這時代內，中古世狹窄生活的觀念，是打破了。新天新地生出來，新能力發展起來。凡新時代必含兩時期，（1）從舊勢力裏面解放出來；（2）新生活發展起來。（Vol. I. p. 3.）

　　文運復興的起始，是要求人類本性的權利，後來引到發展自然界的新觀念和研究的新方法。（p. 9.）

　　這個人類生活的新態度，把做人的方向，基本上改變了，成一個新人生觀；這新人生觀，生出一個新宇宙觀。有這新人生觀，所以這許多美術、哲學、文學蓬蓬勃勃的開放出來；有這新宇宙觀，所以自然科學就講究起來。人類生活的態度，因為生了基本的變遷，所以釀成文運復興時代。

　　西洋人民，自文運復興時代改變生活以後，一向從那方面走——從發展人類的本性和自然科學的方面走——愈演愈大，釀成十六世紀的大改革、十八世紀的大光明、十九世紀的科學時代、二十世紀的平民主義。大改革是什麼呢？宗教裏邊，鬧出了一個發展人類的本性問題。大光明是什麼呢？政治裏邊，鬧出一個發展人類的本性問題。科學時代是什麼呢？要戰勝天然，使地上的天產為人類豐富生活的應用。

　　當人類以舊習慣、舊思想、舊生活為滿足的時候，其態度不過保守舊有的文物制度。把一切感情都束縛住；這活潑潑的人，一旦從繩索裏跳出來，好像一頭牛跑到瓷器店裏，把那高閣的盆碗都撞破了。所以人的感情一旦解放，就把那舊有的文物制度都打破。

　　文運復興、大改革、大光明、科學時代，都是限於中等社會以上的。文運復興不過限於幾個文學家、美術家、哲學家的活動。大改革、大光明也不到中等社會以下的平民。科學的應用，也不過限於有財資的少數人。所以世界進化，要產出二十世紀的平民主義來。

托爾斯泰說：

　　近世的醫學新發明、醫院、摩托車和種種科學上的發明，都是為富人應用的，平民那得享受這些權利；故我以為眞科學不是這些物質科學。眞科學是孔子、耶穌、佛的科學。（按：此指尊重人道而言。Tolstoi：*What Is Be Done?*）

　　從文運復興人類生活抱新態度為起點，這六百年中，歐洲演出了多少事。請問我國於元、明、清三朝內，做些什麼？朝代轉移。生活的態度不變，跑來，跑去，終跑不出個小生活的範圍。

　　我要問一句，活潑潑的人到那裏去了？你有感情，為何不解放？你有思想，為何不解放？你所具人類本性的權利放棄了，為何不要求？

　　“五四”學生運動，就是這解放的起點，改變你做人的態度，造成中國的文運復興；解放感情，解放思想，要求人類本性的權利。這樣做去，我心目中見那活潑潑的青年，具豐富的紅血輪、優美和快樂的感情、敏捷鋒利的思想，勇往直前，把中國委靡不振的社會、糊糊塗塗的思想、畏畏縮縮的感情，都一一掃除，凡此等等。若非從基本上改變生活的態度做起，東補爛壁，西糊破窗，愈補愈爛，愈糊愈破，怎樣得了！

　　讀了上文後，於人生態度，改變的必要，大概明白了。我現在把這個意思收束起，簡單的提兩個問題：

　　人生的態度從那一個方向改變呢？

　　從小人生觀到大人生觀——從狹窄的生活到廣闊的生活；從薄弱的生活到豐富的生活；從簡單的生活到複雜的生活。

　　從家族的生活到社會的生活。

　　從單獨的生活到團體的生活。

從模仿的生活到創造的生活。

從古訓的生活到自由思想的生活。

從樸陋的生活到感美的生活。

人生的態度用什麼方法來改變呢?

推翻舊習慣、舊思想。

研究西洋文學、哲學、科學、美術。

把自己認作活潑潑底一個人。

舊己譬如昨日死;新的譬如今日生。要文運復興,先要把自己復生。

(〔註〕這篇文章中所用"人生""生活""人類生活"等名詞都是指個"生"字,英語"Life")

(八年六月,《新教育》)

新舊與調和

　　什麼叫做新思想？這個問題大家以為容易答的。但把這個問題提出來要人答，大家就知道是不容易答了。若把《說文》裏的字義來講，那一個講新思想的，曾經想到《說文》的字義呢？若說從西洋輸入的思想是新思想，那西洋的思想也有很多是舊的，若說西洋輸入的新思想就是新，那古代希臘的美術、人生觀，羅馬的法意、建築，在我國都可算是新的。所以新思想不能用時代來定，也不能以西洋輸入的來做標準。照我的意思看來，新思想是一個態度。這一個態度是向那進化一方面走的。抱這個態度的人，視吾國向來的生活是不滿足的。向來的思想，是不能得知識上充分的愉快的。所以他們要時時改造思想，希望得滿足的生活、充分愉快的知識活動。他們既視現在的生活為不滿足、現在的知識活動為不能得充分的愉快，所以把固有的生活狀況、固有知識就批評起來。這就惹起舊思想的反抗。舊思想的人說，你們天天講什麼新思想，迎合青年厭舊喜新的心理，把我國的國粹都拋棄了，把我國的道德都破壞了。於是凡有講新思想的，就送他一個“過激派”“共產主義派”“無政府主義派”的一個徽號，這是他們消極的反抗新思想。從積極一方面做，他們就講起來古文是這樣好，向來的道德觀觀念是那樣好。簡單說一句，他們以現在的生活為滿足的。即使不滿足的，也是國粹

25

傷失的緣故。以現在的知識活動為不能得充分愉快，是不盡必講國學的緣故。但把國粹國學發揮起來，滿足的生活就來了，充分的知識活動也就"樂在其中"。他們對於西洋思想未必是不歡迎，不過不要和他們向來的見解太離奇。所以他們聽慣了一種新學說，起初以為離奇，極力反對的。後來也漸漸的受不知不覺的感化，倒也贊成了。兩三年前他們所反對的"個性主義""自動主義"，到今日成了個個人的口頭禪，就是一個證據。我曾記得三年前有人說，什麼自動主義，不自動主義，學生自動，教員不動。照這樣看來，所謂新舊調和是自然的趨勢。抱新思想的人，漸漸把他的思想擴充起來了；抱舊思想的人，自然不知不覺的受他的影響，受他的感化。舊生活漸漸自然被新生活征服，舊思想漸漸被新思想感化。新陳代謝是進化的道理、自然的趨勢，不是機械的調和。我想兩個學派是有調和的價值的，如黃黎洲說陸王是先尊德性，後道問學；程朱是先道問學，後尊德性，兩派不過是先後次序不同。這就是朱陸學派的調和說。這兩個學派調和說，自然有哲學上的價值和位置。宗教家說，宗教是最要緊的。科學家說，科學是最要緊的。詹母斯說，只要於人生有實在的受用，宗教和科學都是要緊的。這是實驗主義的主張於哲學上自然有價值的。現在我們中國的新派，並不是說凡我國所固有的都不好。他們說，我們固有的思想有礙進化，所以要改造。舊派並不是說新的都不好，他們是惡新派要推倒他們所據為安樂窩的固有觀念。新派是要改造舊觀念，組織一使生活豐富的新系統。舊派是怕他們組織新系統，因此打破自己的安樂窩。新派現在正在組織新系統的試驗期內，怎麼和舊派調和？若要他們停止試驗，新生活從什麼地方產生出來呢？若要求新生活，必要組織思想的新系統，必要改造有時或要打破舊觀念，舊派肯不反對麼？舊的本來不與新的爭，實在新的活動太利害❶，打破了舊的安樂窩；若要免去爭端，非新的停止活動不可。要新的停止活動，就是要中國停止進化。調和派如要中國進化呢，這調和的方法，就是推倒自己的目的；調和派如不要中國進化呢，他們就變了守舊派。所以他們如要中國進化，快快換他們的方法罷。照此看來，愛進化的人講調和，是自己沒主張，從這面看，覺得有些道理；從那面看，也覺得有些道理；聽見兩方面辯論起來，不敢開罪這面，也不敢開罪那面，自已又不肯痛下功夫，就說些那老大人對小孩子爭論時候的話："你有道理，他也有道理；你有不是的地方，他也有不是的地方。照我看來，大家還是講和，不要鬧罷。"這一派的人，對於新思想，未必是反對的，不過是有些怕麻煩，怕多用腦力。求新思想是很費腦力的，改變人生觀，是很要有魄力的。

　　還有一派調和家，是認差了題目。他們把新舊兩派作兩個學派看了，於是想來居調和的地位。不知道程朱道問學、陸王尊德性，是方法不同，目的是一個求真理。後來的人盲從程朱的，把道問學認作目的，忘卻了求真理；盲從陸王的，把尊德性認作目的，也忘卻了求真理。所以有黃黎洲出來，指破他們都走差了路，認差了目的。宗教家是求豐富的生活，科學家也求豐富的生活；宗教是一個方法，科學也是一個方法。後來的人把宗教認作目的，把科學也認作一個目的，卻把生活忘記了。所以詹母斯出來，指破他們走差了路，認差了目的。現在中國新派的目的，在求豐富的生活、充分愉快的知識活動。他們的方法，並不是一個方法叫做"新"。他們正在創造方法的時候，正在試驗時期，還沒有認方法作目的。舊派的目

---

❶　"利害"，當為"厲害"。——編者註

的，在保守安樂窩，他們的目的與新派的目的是不同的。兩個不同的目的，怎麼可調和呢？我不是說調和派是沒有用的，我說現在講調和還太早。卽使到了全國的學者，都求豐富的生活、充分愉快的知識活動的時候，各派有了一個系統的方法，還用不着調和的地方。要到大家忘卻了真目的、認方法作目的的時候，方纔用得到那黃黎洲、詹母斯來喚醒他們。新陳代謝的時候，講不來調和的。

把以上的意思總括起來，"新"是一個態度。求豐富的生活、充分愉快的知識，是個態度，不是一個方法，也不是一個目的。"舊"是對於這新態度的反動，並不是方法，也不是目的。新舊既不是方法，又不是目的，所以不是兩個學派。兩個學派之中，能容調和派。新舊之間，用不着調和派。

（八年，"雙十節"紀念號，上海《時事新報》）

何謂新思想

本誌（《東方雜誌》）第十六卷第十一號傖父君有《何謂新思想》一文。今夢麟君又有《答傖父先生》一文，登載《時事新報》。今轉載於此，並附傖父君意見於後。

《時事新報》"雙十節"紀念號，我做了一篇文章，題目為《新舊與調和》。我說："新思想是一個態度。"傖父先生在他的文章裏說："態度非思想，思想非態度，謂思想是態度，猶指鹿是馬耳。"（《東方雜誌》第十六卷第十一號）這是傖父先生誤會我的意思了。我說"新思想是一個態度"，是說新思想是指一個態度而言，並非說思想等於態度、態度等於思想。我說舊思想和新思想的不同，是在那個態度上。若那個態度是向那進化方面走的，抱那個態度的人的思想，是新思想；若那個態度是向舊有文化的安樂窩裏走的，抱那個態度的人的思想，是舊思想。胡適之先生作《新思潮的意義》文一篇（《新青年》七卷一號），他也說："新思潮的根本意義只是一種新態度。"我們兩個人，不謀而合的都承認新思想（"思想""思潮"兩個名，是沒甚分別，故可作同義）是指一個新態度。他叫這新態度為"批評的態度"，並對於批評的意義和方法，講得十分詳細。我於《新舊與調和》篇說："他們（抱新思想的人）既視現在的生活為不滿足、現在的知識活動為不能得充分愉快，所以把固有的生活狀況，與固有的知識就批評起來。”胡先生把“批評”來解釋“新”的意義，我把“進化”來解釋“新”的意義，以批評為求進化的一個方法；兩者措辭稍有不同，於實際上實無甚差別。傖父先生也承認現在他們講新思想的是指一個新態度，不過他甚看不起這種新態度。他說：“此解答固承認其確當，蓋今日之揭櫫新思想者，大率主張推倒一切舊習慣，而附之以改造思想、生活之門面語；其對於新思想之解答不過如是也。”他並叫新態度是“時的態度”。傖父先生這番話，實在是太武斷了。他們抱新態度的人，何嘗一味主張推倒一切舊習慣？不過先把他來下一番批評，認為不對的，就把他痛痛快快的推翻了，沒有說把一切都推翻。胡先生引尼采“重新估定一切價值”語，說：“‘重新估定一切價值’八個字，便是批評的態度的最好解釋。”譬如從前的一把太師椅的價值是銀四圓，八仙桌的價值是銀十圓，現在要把他們的用處和式樣與現在的新式椅桌比較起來，下一個批評，重定一個價值，沒有把他們都當柴燒的意思。我並沒有說思想卽是“等於”態度的話。所以傖父先生送我的“張冠李戴”“賣狗插羊”“謂鹿是馬”，種種徽號，我視作文虎章嘉禾章一樣，概不敢當。

後來傖父先生把思想來解釋，說：“思想者，最高尚之智識作用，卽理性作用，包含斷定、推理諸作用而言。外而種種事物，內而種種觀念，依吾人之理性，附之以關係，是謂之思想。”這個解釋，是本於宋儒性理說，視思想為不痛不癢的一種知識作用，但抽象的論事物之關係，把活潑潑的感情和意志，都劃出思想範圍以外。這樣辦法，就把活思想化作死焦炭，還有什麼價值呢？傖父先生解釋“新思想”，說：“新思想者，依吾人之理性，於事物或觀念間，附以從前未有之關係，此關係成立以後，則對於從前所附之關係卽舊思想而言，謂之新思想。"這是以事物或觀念的新關係，解釋新思想，其中確有一部份的真理存在。譬如舊時論夫婦父子的關係，說夫為婦綱，父為子綱，這是舊倫理。現在夫對於婦，為個人與個人平等的關係。子對於父，當視他是一個社會的分子，不是爸爸的附屬品。這是新倫理，夫婦、父子仍存在，不過他們的關係變了；這就是傖父先生說的以關係定新舊。但我們更進一步，問這個"從前未有之關係"從何生出來的呢？第一步是因為夫對婦、婦對夫、父對子、子對父的態度變了。第二步因為態度變了，對於以前的綱常，就下起批評來。經過種種辨論和困難，然後生出夫婦、父子新關係來，這纔到第三步。未到這第三步以前，必經過許多感情和意志的作用，因為感情和意志是活的，是造成新關係的原動力。徒有那抽象的理性，怎麼能創造新關係出來呢。

官覺、感情、意志、理性四者，是在思想中各占一部份。官覺是腦和事物相通的路徑，感情是腦對於事物的感應，意志是腦的所欲，理性是腦的推測和判斷力。這四者合起來，方纔成完全的思想。從美術方面講起來，譬如一幅好圖畫，我看見這圖畫，是我的官覺；我愛他，我的感情；我要學畫，我的意志；我畫的時候，定遠近線，擇顏料，定比度，這樣對，那樣不對，這是我的理性。從科學方面講起來，譬如考察一種微菌，我用顯微鏡去照，這是用我的官覺；我歡喜研究微菌，這是我的感情；我經過種種困難，一定要考察這微菌，這是意志；我定了方法，分門別類，耐了心試驗，到底尋出微菌的道理來，這是理性作用。霜戴克說：理性不是唯一的王，他是一位大哥哥。傖父先生但認定這位大哥哥，把幾位小弟弟都忘了。我為一班小弟弟呼寃。

我說現在的"新思想"，是指一個向進化方面走的態度；因為要進化，就要遇着阻擋的東西，就要碰見不可解的老習慣，就要問問他們是什麼意思，就要批評他們。

這態度非內也非外。儋父先生說："態度呈露於外，思想活動於內"，並且沒有什麼玄妙的意思，這是很平常很普通一個名詞。我說對於固有的生活為不滿足，就是我的態度。他說他固有的生活是他的安樂窩，就是他的態度。

態度變了，用官覺的方向就變，感情也就變，意志也就變，理性的應用也就變。

所以求新思想的劈頭一斧，就是改變我們對於生活的態度。

夢麟君此文，對於"新思想是一個態度"一語加以解釋，謂"新思想是抱那個態度的人的思想，那個態度是向進化方面走的態度"。鄙人承認前此批評，是誤會的。但"新思想是一個態度"的一語，究有語病，想夢麟君亦當承認也。至夢麟君謂"抱新態度的人，何嘗一味主張推倒一切舊習慣"，但鄙人曾見《新教育》第一卷五期《改變人生的態度》中所說的三個方法，第一個就是推翻舊思想、舊習慣。鄙人謂"揭櫫新思想者，大率主張推倒一切舊習慣"，實有所感觸而發，並非武斷。鄙人甚望夢麟君對於舊習慣加以批評，若批評之後，確是應該推翻，然後大家推翻他。不要不加批評，先說推翻。譬如犯了罪不經審判，即便處死，未免冤枉。現時學時髦的人，對於舊習慣，不論是非善惡，都主張推翻，說這個就是新思想。所以"張冠李戴""賣狗插羊"等徽章，是鄙人贈送一般假冒新思想的人。又夢麟君謂鄙人"把感情和意志都劃出思想範圍以外"，誠然誠然。在心理作用中，因感情意志發生思想，或因思想發生感情意志，固有密切關係。然謂感情與意志為思想之因果，固屬不誤。若為思想二字下界說，則不能不將感情與意志，劃出範圍以外。此種界說，固非鄙人所創作，毋待詳論。又夢麟君此文之意，以感情與意志為思想之原動力，先改變感情與意志，然後能發生新思想。是將人類之理性，為情欲的奴隸，先定了我喜歡什麼，我要什麼，然後想出道理來說明所以喜歡及要的緣故。此是西洋現代文明之根柢，亦卽西洋現代文明之病根。我喜歡他人的土地，要用武力來侵略他，就用國家主義、民族主義、競爭主義來說明。我喜歡他人的產業，要用資本來侵略他，就用親善、和平、協助種種道理來說明。其結果一切哲學、科學，都變成武人及資本家的工具。此種活思想，乃聽人隨其情欲而活用的思想，其價值何在！鄙人不能不更用宋儒的性理說來批評他，卽所謂"人心之靈，莫不有知，天下之物，莫不有理，但為情欲所蔽，則有時而昏"。西洋現代文明的病根，卽在於此。鄙人之意，以謂人當以理性率領情欲，不可以情欲率領理性。譬如我見一幅好圖畫，我愛他，我要學他，此是情欲的衝動。我當卽用理性來判斷此圖畫究竟好不好，當愛不當愛，當學不當學，然後決定我的態度。若理性並沒有決定態度的權力，不過於態度已定之後，用理性來考察如何愛他、如何學他的方法。照此說來，鄙人亦無可批評。不過鄙人要請問諸位批評舊習慣的人，究竟是何意思？譬如有人見了盤古時代的圖畫，愛他，要學他，你們卻批評盤古時代的圖畫，如何不好，不當愛，不當學。但他們的態度是已定的，理性的權力不能改變他的；你們批評他，要他們用理性來改變態度，是心理上所沒有的。請問求新思想的劈頭一斧，如何下法？傖父附誌。

（九年一月，《東方雜誌》）

個性主義與個人主義

何謂個性主義（Individuality）？曰：以個人固有之特性而發展之，是為近世教育學家所公認，教育根本方法之一也，無或待異議者矣。何謂個人主義（Individualism）？曰：使個人享自由平等之機會，而不為政府、社會、家庭所抑制是也。趨乎極端者，吾國之老莊學說，西洋之無政府黨是也。極端反對之者，德國、日本之國家學說是也。中正和平之個人主義，英美之平民主義（Democracy）是也。

老子曰："棄仁絕義，民復孝慈。"又曰："剖斗折衡，而民不爭。"莊子曰："奈何以仁義膠天下乎？"老莊所謂仁義者，社會所公認之道德標準是也。個人為道德標準所束縛，則枿其性。此莊子所以謂"鳧頸雖短，續之則憂"也。無政府主義者曰：政府萬惡之原，社會萬惡所歸，皆所以戕賊個人之性者也；除而去之，則個人得以自由發達。是兩派者，西國學者稱之曰"極端的個人主義"（Badical Individualism）。現今之世界，不可行也。行之，則社會之秩序亂。

德國與日本之國家學說曰：國家為無上尊嚴之所寄，個人當犧牲一己以為國家謀強力。國家有存在，個人無存在，是極端反對個人主義者也。兩端之中，有中正和平之個人主義在，是即上所謂英美之平民主義是也。

平民主義者曰：個人有個人之價值，不可戕賊之。國家與社會者，所以保障個人之平等自由者也。故個人對於國家、社會，有維持之責任；國家、社會對於個人，有保障之義務。個人之行為有違害國家、社會者，法律得以責罰之。

國家、社會有戕賊個人者，個人得以推翻而重組之。故平民主義者，個人與國家、社會互助之主義也。以平民主義為標準之個人主義，卽作者之所謂個人主義也。

共和之國，其要素為平民主義。平民主義之要素，在尊重個人之價值。所謂自由平等者，非尊重個人之價值而何！

個人之價值，當以教育之方法而增進之，此卽所謂發展個性是也。發展個性之基本學說，卽孟子之性善說。夫性旣善，則教育所當事者，發展此善性而已。故孟子曰：“惻隱之心，仁之端也；羞惡之心，義之端也；辭讓之心，禮之端也；是非之心，智之端也。”又曰：“凡有四端於我者，知皆擴而充之矣，若火之使然，泉之始達。苟或充之，足以保四海；苟不充之，不足以事父母。”此孟子發展個性之說也。近世心理之學大昌，各個人有其特性，已成科學上之事實。孔子因人施教，證諸心理，實為正當之教育法。西洋教育大家，如盧騷，如福祿培，如裴斯秦洛齊，又近今如蒙得梭利，如杜威，莫不以發展個性為教育之原則。蓋善性非此不展，個人之價值，非此不能增進也。

對社會、國家而言，曰個人主義。平民主義所主張之自由平等，卽保障個人之說也。

對文化教育而言，曰個性主義。發展個性，養成特才，則文化得以發達。不然，人類中無特出之材，則其文化必在水平線下。

　　大戰告終，武力摧折，平民主義已占勝勢。欲解決中國社會之基本問題，非尊重個人之價值不為功。

　　吾國文化，較諸先進之國，相形見絀。吾人其欲追而及之乎，則必養成適當之特才。欲養成適當之特才，非發展個性不為功。

（八年二月，《教育雜誌》）

新文化的怒潮

凡天下有大力的運動，都是一種潮，這種潮澎湃❶起來，方才能使一般社會覺悟。若東抽些井水，西挑幾桶湖水，澆將起來，這些水就被乾燥的泥土吸去，我們雖終日為挑水勞苦，究竟沒有什麼結果！

大凡驚天動地的事業，都是如潮的滾來。西洋文化的轉機，就是那文運復興。文運復興的潮，發源於意大利，後來捲到全歐，使歐洲人民生活的態度都改變。

十八世紀法國的大革命，把一切舊文物制度都打破，這就是一種革命潮。二十世紀的科學發達，把一切制度思想都變成科學的，這就是科學潮。一個大潮湧起來，必有幾個原因在裏邊，斷不是憑空起來的。譬如錢塘江八月中秋的大潮汛，來的時候，浪頭一奔到非常的高，斷非偶然的事；秋水的積聚，月光的吸引，江口的阻力，是錢塘大潮的三個大原因。講到西洋文運復興時代的潮，也是有幾個原因：君士坦丁被土耳其人奪去，一班希臘的學者都逃到意大利來，聚在羅馬天天講學；希臘的哲學、美術、文學都運到羅馬來，發生一種光彩；封建制度傾倒，個人獲得自由；人民對於舊生活抱

---

❶ "澎湃"，當為"澎湃"。以下逕改，不一一出註——編者註

厭倦心，人人要求新生活。這幾個原因合起來，就成了這文運復興的大潮。

十八世紀法國的大革命潮，是什麼東西釀成的呢？專制的淫威，盧騷的學說，就是兩個大原因。二十世紀的科學潮，是十九世紀末葉幾位大科學家如達爾文、斯賓塞的學說，和工業社會應用科學的要求所釀成的。

以上所講的原因，未免太簡單；但我的用意在講明世界大潮流，是有原因的，並非要講他的種種詳細原因，所以但把重大的說出來，其餘只好從略了。

總括說一句，凡一個大潮來，終逃不了兩個大原因：一個是學術的影響，一個是時代的要求。換言之，一個是思想的變遷，一個是環境的變遷。

杜威先生說："社會學說是為什麼生出來的呢？因為是社會有病。"因為社會有病，所以幾個學者便要研究他是什麼病，這就生出一種學說來了。所以環境變遷的時候，就會生出新學術來。用了這新學術，去改變環境，這環境更加改變了；環境更加改變，要求學術的人更多；於是愈演愈大，愈激愈烈，就釀成新文化的大潮。

講我們現在的中國，這二十年中，環境的變遷，速度也大極了。這樣看來，要求學術的趨勢自然大得很。若環境變遷，沒有新學術去供給他的要求，社會的病，就會一天重一天，必至無可救藥！

我們都知道，中國社會的病重得很。因為社會病，所以我們要講新學術來救他。講到這事，我們就說着，這回"五四"學潮以後的中心問題了。這個新學術問題，就是新文化運動的問題，預備釀成將來新文化的大潮，掃蕩全國，做出驚天動地的事業！

這個大潮，非一擔一桶的水可做得到的；必須決百川之水，滙到一條江裏，奔騰長流，到海口的時候，自然澎湃騰湧起來。這個勢力，是沒有人可以擋得住的。文運復興、十八世紀大革命、二十世紀科學時代的勢力，掃蕩一世，都是因為成了一種大潮。

新文化運動的目的，是要釀成新文化的怒潮；要釀成新文化的怒潮，是要把中國腐敗社會的污濁，洗得乾乾淨淨，成一個光明的世界！

我們因為有這個目的，所以不要青年在一擔一桶水裏費盡心力；我望青年決百川之水。這決百川之水的方法是什麼呢？

（1）我願青年自己認作富於感情、富於思想、富於體力，活潑潑底一個人。

（2）我願青年用你們活潑潑的能力，來講哲學、教育、文學、美術、科學種種的學術。

（3）我願青年用你們寶貴的光陰，在課堂、圖書館、試驗室、體育場、社會、家庭中作相當的活動。

（4）我願青年抱高尚的理想，望那理想中拚命的做去。

（5）我願青年多團體的活動、抱互助的精神，達到團體的覺悟。

青年青年，你們自己的能力，就是水；運用千百萬青年的能力，就是決百川之水；集合千百萬青年的能力，一致作文化的運動，就是滙百川之水到一條江裏，一瀉千里，便成怒潮——就是新文化的怒潮，就能把中國腐敗社會洗得乾乾淨淨，成一個光明的世界！

（八年九月，《新教育》）

學潮後青年心理的態度及利導方法

我於一個月中，走了北京、天津、南京、上海、杭州五個大城，讀了五十多種的新出版物。把朋友的談論，和出版物的言論歸納起來，知道"五四"以後青年的態度，和從前大變了。這個態度的變遷，和中國將來的事業很有關係，所以我們講教育的很要注意。前清的時候，到處鬧學，青年心理的態度，大大的變遷——從尊師尊君的心理，變到反對學校主持人和反對清朝的心理——到底釀成了辛亥的革命。這回五四運動，如狂風怒潮的掃蕩了全國，我們大家覺得幾年裏邊，終有一個大事業生出來。這是什麼東西，我們不敢預言，但我們可預決終有一齣好戲演出來。

我們現在所欲講的，是近來青年心理的態度。從這個態度，可以預測將來發生的事業。

這個態度，我們可以叫他做"心的革命"的態度。政治革命是外面的；心理革命，是到了人自己的身上來了。人到了革自己的心的命，你看這關係何等重大！我們若將這態度分析起來，可有三個要素。

（1）一個疑問符"?"——這個疑問符飛揚於全國青年腦中，好像柳絮，春風一動，滿天皆是；東望西瞧，到處見這些東西。這個"?"的意思，就是"為什麼?""做什麼?""這個是什麼?""究竟做什麼?"這就是朱子說的"學要會疑",笛卡兒說的"眞知的起點就是疑"。這個"疑"字卽在青年腦中,他們就事事要問為什麼、做什麼、這個是什麼、究竟怎麼一回事?我們若把事事照這樣問起來,就會鬧出許多"亂子"來。大凡一個老國度裏,必有許多遺傳下來的習慣——無論是思想的習慣,或行為的習慣——沒有用疑問符"?"的時候,不知不覺的大家都會照樣做過去。如祭祖時燒冥鏹、見長輩叩頭、作文時說幾句"茫茫大地,浩浩乾坤"、對人說自己稱"兄弟";本來很豐富的省,偏要稱"敝省",縣稱"敝縣";住了很高大的房子,稱"敝寓"。這種事幾百年的做下去,沒有人問他,就不知不覺的行過去;若把這種事的後邊加一疑問符,大家就要反抗起來,批評起來。這種習慣就站不住。

(2)自己想、自己說——從前一班人的思想,是人家——古人或國人——替他們想的;一班人說的話,是替人家說的。現在的趨勢,望那"自己想、自己說"一方面走。這是用疑問符的天然結果。我懷疑,我就要問;我要問,我就在那裏想;我想,我就要說。我要想,我要說,我就要求思想自由、言論自由。所以一班青年,現在最痛惡的是兩件事:一件就是說命令式的老話,阻礙他們的思想;封報館阻礙他們的言論。

(3)要求新人生觀——我懷疑,我逢事便問。問這是什麼意思,那是什麼意思。問來問去,問到自己的身上來,我想,我說,我是什麼?我在這裏想什麼?我在這裏做什麼?我想,我說,我做,究竟什麼?說什麼?做什麼?於是到底歸到一個問題來:人生究竟什麼?我們現在的生活,是什麼的生活;我們要求的是什麼生活;我們理想中應該有什麼生活。我們對於向來生活知足麼?我們向來的生活,是中古的生活,不知不覺的生活;我們現在的生活,是乾涸的生活，麻木的生活。我們定要跳出這個生活的範圍。跳到那裏去？向那一方跳？我們要有一個新人生觀。

簡單說一句話，他們看了現在個人的生活都不滿足，社會的習慣都可懷疑。現在流行的種種問題如婦女問題、喪禮問題、婚姻問題，都從這裏生出來的。

將來問題愈弄愈多，範圍愈推愈廣，社會必如破屋遇狂風，紛紛倒塌；新生活必如春園遇時雨，到處萌芽。幾年裏邊，生出來的大事，從那方向去推測，“雖不中，不遠矣”。

凡看得透的人，到了舊社會崩塌的時候，知道補救的法兒。看不透的人，到那時候，就會腳忙手亂，倒行逆施。說到這裏，我們恐怕那時執大權的，就是看不透的一班人；他們就會腳忙手亂，用倒行逆施的方法，想阻擋社會的崩塌，中國事就弄得更糟了。唉！我看近來教育部隔靴搔癢的命令，警察廳雷厲風行的封報館，就是這腳忙手亂、倒行逆施的初步。老子說：“太上因之，其次利導之，最下者與之爭。”又說：“民不畏死，奈何畏之以死。”我願這班老先生聽聽古聖賢的教訓。

青年心理的態度，和中國社會的關係，我已約略說過了。青年心理是社會的寒暑表，掌政權的人，不要閉了眼睛，不去看他的度數；亦不要看了熱度增高，就以為把這寒暑表打破，熱度就會減低；那就大錯了。辦學校的人見熱度增，也不要責寒暑表，須知學生行動，是惡社會挑撥起來的。其原因在社會，不在學生。若以此責學生，好像天氣的熱，來責寒暑表的上升，是愚極了。

所以辦學校的人，要知道青年的要求；幫助他們，來求滿足的生活，研究社會的問題。學校和學生，以互助的精神，共同做一番功夫，方是正當辦法。所以我對於辦學校的人，有些貢獻，願大家研究學潮以後的學校問題。

第一，我願辦學校的人獎勵學生自治。幾十年前，英國有位哲學家，名叫斯賓塞，這個人我們大家知道的。他作一本書，名叫《教育》。這本書裏說，教育是預備生活。這是教育上一個大進步。因為以前的教育，但從知識方面着想，他這學說出世後，大家知道要從生活上着想，教育是預備生活。近來杜威先生的學說，又進了一步。他說："教育就是生活。今天受一天教育，就要有一天好生活。"我們要知道，好生活是自動的，他人代動的不是好生活。學生自治，是自動的一個方法。學生自治團體，是學生求豐富生活的一個團體。學生在校時，有豐富的生活，方能達"教育是生活"的目的。至學生自治的精神、責任和問題，可參看《學生自治》的一篇文章，我在此不多談了。

第二，要給學生思想自由的機會。人生問題和社會問題，要用智慧來解決。思想不自由，智慧就不發達，頭腦就不清楚。若以頭腦不清楚的人來研究問題，一定沒有好結果的。要養成頭腦清楚的人，入手辦法，就是使思想自由發展。我們以前的教育重記憶，後來進一步，重領悟；現在還要進一步，不但須領悟，還須自由下批評。做教員的，要歡迎學生自由下批評，才不阻礙思想自由之發展。

第三，要助學生研究社會問題。使學生批評歷史上一段事，或書上一句話，不如使他們批評社會狀況。從現在社會狀況中提出幾個問題，和學生大家研究。照此辦法，學生既得批評的機會，又得機會來研究社會活潑潑的問題；從實際問題上運用他自由的思想，最有益處，使他知道思想是研究社會問題的一個利器，思想自由，並不是懸空幻想的意思。

第四，要助學生達豐富的生活。青年的心理，既以現在的生活為不滿足，教師當助學生研究達滿足生活的方法：（1）倫理學的研究。倫理學是人生觀的比較學和歷史，使青年知道歐亞兩洲古今對於人生的觀念，並生活方法。何者為適當的生活，何者為不適當的生活。（2）養成對於天然物之興會。如蝴蝶、蜜蜂的生活，花木的生長，鑛石的結構，天然美麗，能够引起一班青年無限的興趣。（3）音樂、戲曲之習練。音樂可以使青年的感情和樂奮發，加增人生的趣味。戲曲可以使青年發洩胸中的懷抱，並實驗他們理想中所有的生活。校內豐富的生活，就是青年天天興高彩烈的作種種健全的活動。

（八年十月，《新教育》）

這是菌的生長呢，還是筍的生長？

四、五月裏的時候，天氣晴煦，晚間忽然來了一陣春雨。明天早起開窗，見園裏有許多菌，生氣勃勃的生長起來。你說，唉！生了好快。二三天後，他們就枯死。你說，這菌的生長，是不久的。

二、三月中，時雨之後，散步竹林裏，你看那些筍都發生出來，一日長數寸。三星期後，長了數尺。一二月後放出葉來，變了青色的竹，好茂盛！

這回五四運動以來，幾個月以內，從北京到廣東，從上海到四川，不知生了多少新勢力。有人說這起來了太快，恐是菌的生長。但我們要知道筍的生長，亦很快的。所以現在我們的問題，就是這回新勢力起來，是菌的生長呢，還是筍的生長？

要答這個問題，我們須分兩段研究，第一段是研究這新勢力的現狀，第二段是研究他的將來。

我於近一個月中，在北京、天津、南京、上海、杭州五個大城中各駐了幾天，所以能在黃河流域和長江流域的重要文化中心，都親身吸了幾口新鮮空氣。其餘太原、長沙、成都、廣州等地方雖沒有到，亦曾讀過他們的新出版物——現在這種新出版物全國約有二百五十餘種，我看過的約有五十餘種——我把和五處友人的談論，同五十餘種新出版的言論，歸納起來，他們的思想和感覺可以歸到三大點裏去。

（1）一個"？"疑問符——這個疑問符我在前篇已經說過了，現在再說幾句。這個"疑"字不但把我國固有的思想信仰搖動了，而且把"舶來品"的思想信仰也搖動起來。若非眞金，無論中國銅、外國銅，都被這個"疑火"燒鎔。我這句話，並非說他們思想革命的人，不要西洋輸入的思想；他們的意思，以為西洋思想進來，也要去問他究竟什麼一回事，不肯盲從講赫胥黎、達爾文、密勒的一班人。盲從"物競天擇"和盲從"三綱五常"的，是犯同一個毛病！

這會思想革命，和辛亥政治改革，一個不同的要點就是這個"疑"字，這個"？"疑問符。辛亥革命成功後，一班革命家都興高彩烈的，我說是我的功，你說是你的功。他們都以為革命成功，中國就能發達，不自己問一問："這革命究竟是什麼一回事？"這回思想革命，大家的態度和辛亥不同。我聽見許多人說：這回鬧了一番，確是好事情，但鬧過了後，我們回想起來，很願意知道"究竟是什麼一回事"。

所以他們講思想革命的人，不但對於遺傳的或"舶來"的思想抱一種懷疑的態度，對於自己的思想、行動也是如此。"覺悟""澈底覺悟"等名詞，就是從這裏生出來的。

（2）自己想自己說——這個問題，在前篇已經說過了，沒有別的話補充。

（3）要求新人生觀——這個問題，我也在前篇說過，現在再加上幾句話。作者有一天對杜威先生說，現在青年要求一個新人生觀。杜威先生說，他在奉天的時候，忽有人問他什麼是人生的眞義，他覺得很驚異。他就答道，人生的眞義，是有一個豐富的生活。因為時候匆促，他沒有詳細解說。我們要求豐富的生活，大家承認的。但什麼是豐富的生活，用什麼方法來得到？這個問題，就要生出許多問題來。

　　這半年裏邊，自北京到廣東、從上海到四川生產了這三件大事，鬧了翻天倒地。有人說，現在漸漸冷靜了，可知道這都是菌的生長。我說這話錯了。現在冷靜的現象，是外面的，從內部裏看來仍是很熱鬧。有許多的青年說：他們從這回運動以來，覺得自己腦裏空虛，此後他們要靜養靜養，從那學術方面走。所以有許多青年，以前是很肯幹事的，現在都願回到圖書館、試驗室裏去了。這是什麼意思呢？他們都知道“無源之水，移時而涸”，所以都要求水的源。春園的筍，生氣內動，天天生長；到了放葉的時候，自然不能比起初一樣的速度。不像那菌，生長了很快，忽然枯死。

　　我們從上面所說的現狀觀察，可知這勢力的生長，是筍的生長，不是菌的生長。若從將來一段看起來，這新勢力的趨勢，是從那有希望的一方面走。為什麼呢？因為百忙之中，有一個新趨勢漸漸兒的露出芽頭來了。北京有一位青年說，我們的文化運動，有兩個要點，一個是批評的精神，一個是科學的方法。南京有一位朋友說，文學的改革，能驚動全國；一班社會，為什麼不注意科學呢？杜威先生說，科學是中國所最需要的。我們若細心想一想，知道批評是科學的精神；科學的方法，就是達到真理的方法。不過現在尚限於社會方面，所謂社會的科學。這文學革命，很多地方，是借重科學的精神和方法的。但近世科學，已在此不知不覺的下了種，將來必在中國的肥土裏生長起來，將來必由社會科學到物質科學（現在一班人對於物質科學，好像對演幻術一般，不知道物質科學的真精神）。現在我們要求豐富的生活，將來必想到要達到這個目的，須利用天然力。制馭天力，用於生活上，生活才能豐富。科學是制馭天力的工具。我講到這裏，看見報上有天津學生發起利生公司的宣言說："……我們社會上的人，最不講究衛生。有錢的人吃的雖好，並不合乎衛生；無錢的人，更不知道什麼叫做衛生。所以傳染病、流行病，年年有的。最大緣故，就是我們社會上不講究衛生，飲食隨便，那毒菌、毒蟲不知道吃了多少，那百病可就生出來了。……我們知道那蒼蠅是傳染病的媒介，灰土內又不知道有多少毒菌。……我們學生見到此處……趕快聯合了許多的同志，立一個公司，專預備學生四季所用的食品食料，以合乎衛生為目的……"毒菌，蒼蠅傳毒菌，是怎麼知道的，可不是科學的功麼？所以我說，科學的種子，已在這番思想革命裏下了，將來必惹起社會注意。現在中國最大的科學團體，就是中國科學社，社員中有學問的人很多，將來必能傳佈科學知識於國民。他們很能够研究高深學問，但我們希望他們對通俗科學知識，也要很注意。最好一面講高深科學，一面用淺近的科學知識，來研究現在的社會問題；若專講第三容積，和最小方等等，那裏能夠惹起社會一班人的注意呢？中國人科學觀念最薄弱，如初讀英文一樣，要"ABCD"讀起才好；白話文的一個好處，就是通俗，人人做得。還有，現在新思想派所研究的問題，是社會切身活潑的問題，並不是懸空講學問，所以很能普及。科學家亦要照此辦法，來講科學，才能普及。

科學是求豐富生活所必需的知識，講求豐富生活，科學必跟着來。這是我對於將來科學發達的希望。還有一件事，就是美術。我常想意大利的文運復興有三個原子，一是思想，二是科學，三是美術。我們中國現在的新潮，只有思想一方面。這亦是新潮不完全的地方，我們要注意。然而文運復興的起始，也只是要求人類本性的權利（如思想自由、感情自由），後來引到發展自然界的新觀念，和研究的新方法。照此看來，我們的新潮，才是文運復興的初期。要圖科學、美術的發展，還要做第二段功夫呢。要求豐富的生活，就是科學、美術發展的導線。因為沒有科學和美術，生活是不會豐富的。科學能制馭天然力，供給人生的需要。用科學講衛生，能減少疾病的痛苦；用科學講農事，能增進產量，減少乏食的貧民；用科學講商務，能發達貿易，增進社會的富量；用科學講哲學，能使我們的思想清楚。我們中國國民平均的富力很薄弱，要得豐富的生活，靠着物質的力不少，若平均的富力薄弱，那裏能得到豐富的生活呢。豐富的精神，靠着豐富的物質的地方很多。有豐富的物質，無豐富的精神，是死的；有豐富的精神，無豐富的物質，這精神就要飛到天上去，在地球上站不住。

美術——圖畫、音樂、建築、雕刻、戲曲、字、金石等等——使人的感情融和，理想高尚，精神活潑。人生在世上，他的需要不僅在思想，感情的需要也很大。人沒有豐富的感情，就可算是沒有生活。徒事思想的生活，實太乾枯。我希望求豐富生活的青年，不要忘卻美術的作用。

一方面把現在的活動，繼續做上去，一方面把科學和美術提倡起來，釀成完全的新潮。這是我對於文化運動的希望。這就筍的生長，將來可成一茂密的竹林。

我還有一句話，要諸君注意，這文化運動，不要漸漸兒變成紙上的文章運動；在圖書館、試驗室裏邊，不要忘卻活的社會問題，不要忘卻社會服務，不要忘卻救這班苦百姓。

（八年十一月一日，北京《晨報》紀念號）

北大學生林德揚的自殺

前一個月，我在上海的時候，和幾個外國朋友，談學潮後青年的心理；我說現在青年心理的態度有三個要點：（1）事事要問做什麼，就是對於事事懷疑。（2）思想自由。（3）改變人生觀。有一個外國朋友聽了說："好危險，將來恐怕有許多青年要自殺。"我回北京後，見杜威先生，對他說這個過渡時代，恐怕有幾個青年，因問題解決不了，鬧自殺慘劇。第二天，林德揚君自殺的新聞傳到了。林君自殺的情形，已由羅志希君在十九日的《晨報》說明，並說出三個補救的方法：（1）美術的生活。（2）朋友交際的生活（並男女朋友交際的生活）。（3）確立新人生觀。

我對於羅君三個補救的方法都贊成。但我還有一番申說。我國對於自殺不算是不道德，這是不好的觀念。因為殺人尚有人要抵抗，自殺就無人能抵抗。所以西洋法律上對於嘗試自殺者加以罪。宗教上也視自殺為罪過。天生我堂堂地一個人，要我自己保護。我不保護，還要自殺，豈不是罪？羅君把這個罪加在社會身上，我國這種惡劣社會，固當承受這個罪。但社會本來不能自己改良，要我們個人去改良他。社會還沒有改良，我就把自己殺了。這社會還有改良的日子麼？

羅君說中國自殺之風稀少，正是中國人心氣薄弱的一種表現。

我想青年自殺，也足以表現中國人心氣薄弱。德國因中學功課太重，學生時有自殺的。但通行的風氣是決鬥，不是自殺。兩人決鬥，敗者傷或死，傷也傷了痛快，死也死了痛快。這是人心強毅的表演。自殺是自示其弱。

曾國藩和英國治印度有名的海斯丁皆曾嘗試自殺。他們都成大功，若當時不幸死了，這大功豈不是同塚土穴了麼？然而華盛頓、俾士麥，沒有嘗試自殺，也成了大功。自殺豈能作為成功的條件麼？

林君確是一個好人，並不是因為他自殺了，我們承認他是個好人。"好人"的名號，是從平日行為判斷的。林君是個好人，因為他平日行事表示出來是一個好人。他若不自殺，豈不是一個社會有用的人麼？他自殺，這個結果和殺了社會上一個好人相等。青年呀，自殺是一個大罪惡。

羅君說我們要奮鬥到極點，才可自殺，我想這也是不對的。我們奮鬥到極點，還要奮鬥。人家殺我，我沒法想，我們萬不可自殺。

以上為我反對自殺的理由。補救的方法，羅君已說過了，我除贊同外，沒有話說。青年，青年，新人生觀一時不能造成的。過渡時代，終有許多困難和失望的事，這是一定要經過的。困難是成功的路，開闢一個新天地，終要遇着許多荆棘。我們終須用大刀闊斧斬一條路，為後人造幸福，萬莫灰心。

新生活不是望空能得到的。今天活一天，活得正當，明天也如此；一天一天的過去，就會達到。新生活是要用試驗的態度得來，試驗的時候要耐心。從地獄裏造天堂，也是可樂的事。我還有一句話，請青年聽聽，凡人自十六歲至二十歲的時候，個個人想着自殺的。諸君心裏煩悶的時候，要請你們平素最信仰的朋友或先生幫助你們來解決問題，不要"孤注一擲"。生命只一個，可寶貴的。我們常常要抱樂觀才好。斯帝文斯說道：

　　這世界裏有那麼多的事物，

　　我們天天應該像王侯的快樂。

　　　　　　（八年十一月二十一日，北京《晨報副刊》）

智識階級的責任問題

我們未討論知識階級的責任問題以前，先須問誰是知識階級中的人。現在所謂知識階級，大都指投身教育事業者而言，其次為出版界的著作者和編輯者，再其次為其他操必以高等學術為基礎的職業者，再其次為散於各界中之對於學術有興味者。教育界及著作界以知識為終身職業，故為知識階級之本位，餘者只可謂與知識階級接近者，因其職業本不為單純之知識。若以全國之人口、區域兩者而論，此種人在中國實居少數。以少數之少數，欲負何等重大之責任，而能勝任愉快者，實為不易之事。

更進一步，知識界是否能成一階級，在今日中國亦屬一疑問。因既成一階級必須具有兩個條件，第一，在社會上必占有一種相當的勢力。第二，本身必有一種團結和組織。現在中國的知識界，不能謂在社會上無相當的勢力，亦不能謂無一種比較的薄弱的團結。但組織兩字，實在還談不到。現在所有的組織，或者為太近於形式的，定期開幾次會，通過不關痛癢的或膚淺可笑的幾個議案，打幾個鋪張門面的通電。即使有幾個有價值的議案，事後大家也都忘了的。或者為特別事故，臨時結合的團體，風潮一過，就無人過問。

照此看來，我國所謂知識階級，人數既少，又加散漫無組織，那裏配當得起這個名稱。所以在社會上，雖占有一部份的勢力，其薄弱也可想而知了。不過其中還有幾個個人，比較的思想尚清楚，事實尚能研究的。這幾個個人有時發言，尚能喚起一般人們的注意。所以外面的人看着，似乎有一個知識階級存在於中國，實際上亦不過是一個"紙糊老虎"罷了。只要"有鎗階級的"鎗刺一戳，就成一個窟窿，從窟窿窺視，裏面是一個空架子。不過有幾個人，尚能在"紙虎"以外單獨的奮鬪，這"紙虎"也僅僅因為靠著他們的奮鬪，還在那邊雄起起的蹲着！

"紙虎"終有一天要戳破的。奮鬪的同志們呀！你們也何苦要這個"紙糊老虎"。現在所謂什麼會，什麼團體的本身，是要不得的了。其中的個人，快快釋放出來，單刀直入的奮鬪。匹夫之勇，究比睡覺的大隊人馬好些。

外邊的人們，要認這幾個個人，為知識階級的代表也好，只認他們是個人也好。只要是精神上的聯絡，暫時無形質上的組織，也不妨事。與其為奄奄無生氣的組織，不如和活潑潑的個人聯絡。

我們把所謂知識階級的現在的地位和狀況解釋明白後，我們可以談外界的人們，對於知識界的希望了。外界的人們所最關心的，就是切身苦痛。大多數的人們，大凡利害不切身，是不顧問他的。這也是人類共同的弱點。一旦痛苦切身，有能力的，就直接求解免的方法，間接求他方之同情和助力。能力薄弱的，自己無求直接解免的能力，就間接的希望他人代為解免。亂世愚民希望"真命天子"出現，鄉民遇水旱之災，希望老佛爺發慈悲心，都是從這個心理中出來的。就是我們希望軍閥自己覺悟的人，也是同一心理。然而要希望軍閥自己覺悟，直是希望老虎不喫人了。

"真命天子"是不會出來的，北京城裏有了一個"假命天子"，前幾日還被人攆跑了（指溥儀被逐出宮）！老佛爺坐在蓮花上，在極樂世界裏閉了眼打座，早忘卻了我們小百姓。老虎不喫人，是生物學上所不許的。

自己無直接解免痛苦能力的人們，他們的希望不會臨到知識界的頭上來的。知識界現在所負的責任，在盡力副間接求同情和助力的人們的希望。知識界也可以間接求他們的同情和助力，不必抽象的唱救國拯民的高調了。抽象的國和民，是無從著手拯他們的。

我們把知識界的責任，已假定了一個範圍。不能自助者，除灌輸常識給他們為自助之資料外，不必助他，也無從助他。反言之，知識界不能自助，也不必求人助。知識界的責任，在與有相當能力者之互助。

在這互助範圍以內，我們希望他界輔助知識界的，不在本文範圍以內，姑置弗論。我們先推測他界希望知識界的是什麼。要推測這個問題，先要認定他們所感的切膚之痛是什麼。簡而言之，就是政治上的搗亂，影響於經濟和治安。表面上似為軍閥問題，基礎上究是政治問題。這不但是他界所受的苦痛，也是知識界所受同樣的苦痛。

對於政治問題，他界視之過於近，知識界視之過於遠。他界看政治上的搗亂，以為趕掉幾個貪官污吏、強暴軍人，求幾位賢父母來做省長督軍，就好了。稍遠的以為把制度改訂，如廢止議會、設立委員制等類，政治就可改良。這種辦法，我們不能不承認是有益的，但不過是頭痛醫頭、腳痛醫腳的辦法。根本的病症，還潛伏在裏面。知識界看政治上的搗亂，以為根本在社會不良的緣故，社會一日不改良，政治的清明一日無希望。要改良政治，先要改良社會。更進一步的說，社會不良，根本的原因，在科學、學術、思想的不發達。要改良社會，先要提倡科學、學術、思想等等。

　　他界希望知識界的，是什麼幫助他們來解決現在的政治問題，減少他們的切膚之痛。知識界答他們的，是先改良社會，或發展學術、科學、思想等等。這不但是他界看了，有些迂遠，知識界自身有時也覺得有討論的必要。因為政治不良，於改良社會，發展學術、科學、思想等等，有許多的阻力，有時簡直是行不通。知識界這幾年來，自己所受的苦痛，所得的經驗，足以證明這話是不錯的，不必我們去詳說了。

　　知識界看政治問題、社會問題、學術問題，彼此循環不息，好像走進一個萬惡的圈子裏，轉來轉去轉不出來。這個問題，好像古代的一個老問題：雞生蛋的呢，還是蛋生雞的呢？這個問題，以純粹論理學去辨論，是達不到斷語的。我們只好說，雞是蛋所生的，蛋亦是雞所生的。有了好雞，自然能生好蛋；有了好蛋，自然能生好雞。善養雞的，擇好雞來生好蛋，擇好蛋來生好雞，兩面都要做的。社會能影響政治，政治也能影響社會；社會能影響學術，學術也能影響社會。無論那一方面做起，都是有效的。

　　但知識界往往藉口社會和學術的重要，來躲避實際政治的麻煩問題，這是不對的。許多人看見實際問題解決的困難，知道唱幾句社會和學術的高調，最容易繳卷，就把學術和社會的研究，作為避世的桃源；或者鑽進學術和社會的研究裏面，忘了應世的目的。前者之結果，必養成萬惡的政治；後者之結果，產生一班不切世務的迂儒。照此看來，研究實際政治的責任，知識界是不能逃避的。

　　若我們承認知識界應負研究實際政治問題的責任，更進一步說，知識界對於政治，以發表言論，必引起政治界的干涉而起衝突，因衝突而引起實際參與的興味。故最後是避不了參與的。不過我們須認定參與要有界限罷了。

我們以為知識界參與實際政治問題，要有兩個條件：（1）維持現狀的實際政治，是不必參與的。因為維持現狀的政治人物，國中很多，不必知識界來供給。（2）改革或革命的實際政治，才有參與的價值，然亦須以不妨害研究學術和較遠的問題為界限。不然，知識界失去自己的本職，還有參與政治的資格麼？譬如五四運動一役，我們不能不承認有相當的效用，但結果還是一個失敗。其流毒於全國學校，其害與驅逐幾個惡人和阻止《巴黎和約》簽字之利相比較，我們實難定其那個是輕、那個是重。外交上的利益，我們所承認的，政治的惡劣如故，我們也看見的。學校成績的退步，青年的墮落，我們不能不承認自大學至中學，全國滔滔皆是了！這樣下去，不但現今的政治無法改良，將來的政治仍是沒有希望。懸崖勒馬，能發能收，這是知識界的本職。

知識界要討論或參與實際政治，決不可忘了自身的本職、發展學術、科學、思想等等。於本身上站不住腳，那裏配談改良政治。也不可利用自身的本職，作避世的桃源，或忘了那學術、科學、思想等等和世務不可隔離的。亞利士多德說：“人們是政治動物。”

造成將來光明燦爛的世界，是知識界應負的責任——重而且大的，但不可仰望了頭上的蜃樓海市、玉宇仙宮，不顧腳下荊棘、道旁地獄。

（十三年十一月，北京《晨報》六週增刊）

第三編　教育方向的轉變

高等學術為教育學之基礎

自十九世紀科學發達以來，西洋學術，莫不以科學方法為基礎；即形上之學，亦以此為利器。至今日一切學問，不能與科學脫離關係；教育學亦然。故今日之教育，科學的教育也。舍科學的方法而言教育，是鑿空也，是幻想也。幻想鑿空，不得謂二十世紀之學術。

二十世紀之學術，既為科學的，然科學厥有二種：曰純粹科學，曰實踐科學，或曰應用科學。純粹科學，獨立而不依，不藉他科學為基礎，如物理、化學、算學是。實踐科學，又曰複雜科學，不能離他科學而獨立，如工程學、政治學、教育學是。工程學之基礎，物理、化學、算學也。政治學之基礎，歷史、地理、人種、理財、心理、社會諸學也。教育既非純粹科學，必有藉乎他科學。然則其所憑藉者，為何科乎？曰：欲言其所憑藉，必先言教育學之性質。

（1）教育為全生之科學。何謂全生？在英字為 “complete living”，即言享受人生所賜予之完滿幸福。英儒斯賓塞，以教育為預備人類生活之方法；分此方法為四步：直接保護生命者為第一步；間接保護生命者為第二步；保護傳種為第三步；供給消遣、娛樂為第四步（見斯賓塞 *Education*）。直接保護生命者，例如衣食住是也；間接保護生命者，例如政府、社會是也；保護傳種者，例如嫁娶是也；供給娛樂者，例如文學、美術、漁獵、旅行是也。是數者備，則全生矣。子華子曰：全生為上，虧生次之，死又次之，迫生為下。全生者，六情皆得其宜也。虧生者，六情分得其宜也。迫生者，六情莫得其宜也。斯賓塞之論全生，以生理學為起點。子華子則以人之感情為起點。其起點雖不同，而將欲達乎全生則一也。社會進化，人類生活，日趨豐富；教育者，所以達此豐富生活之方法也。

（2）教育為利羣之科學。明德新民，己欲立而立人。個人與社會，固相成而謀人類進化者。社會愈開明，則個人之生活愈豐富；個人生活豐富之差度，則亦與社會程度之高低，成正比例。蓋合健全之個人，而後始有健全之社會。故求全生而廣大之，卽所以利羣，利羣卽所以求全生也。社會不振，個人之自由，必為之壓迫；個人之幸福，必為之剝削；則虧生者衆矣。故全生者，教育之目的；利羣者，達此目的之一方法也。

（3）教育為複雜之科學。人生至繁，卽以物質上言之，一人之所需，百工斯為備；若概精神而言之，則所需之廣，何啻倍蓰。教育既以人生為主體，故凡關於人生之問題，必加研究，教育之事遂繁。此必賴乎各種科學為之基，綜核其所得之真理而利用之，此卽二十世紀新教育之方法也。爰撮大要，為表如下：

```
                                      ┌ 生理學
                                      ├ 遺傳學
                        ┌ 發展個性 ──┤ 衛生學
                        │             ├ 心理學
                        │             ├ 論理學
                ┌ 個人 ─┤             └ 美學
                │       │             ┌ 生物學
                │       │             ├ 動物學
教育學基礎 ─────┤       └ 天 然 界 ──┤ 植物學
                │                     └ 理化及他科學
                │                     ┌ 人種學
                └ 社會 ── 發展人羣 ──┤ 歷史地理
                                      ├ 倫理學
                                      ├ 政治學
                                      └ 羣學
```

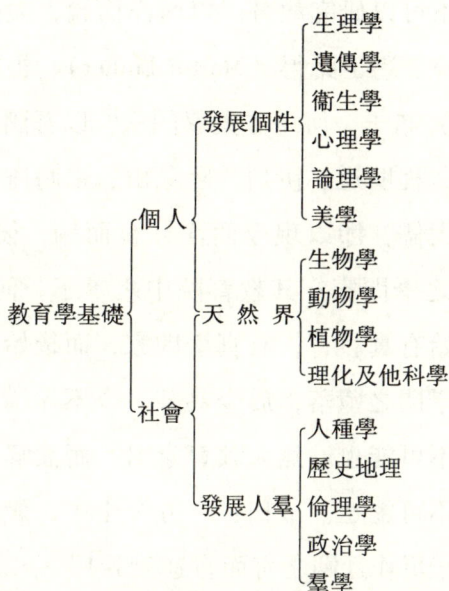

複難之科學，既有賴乎他種科學，教育學之有賴乎高等學術也明矣。觀上表，知教育學不能離他科學而獨立，則其有賴乎高等學術也更明矣。

離社會則不能言教育，舍個人則更不能言教育。蓋個人為教育之體，社會為教育之用，兩者兼則教育之體用備。然將何以達此體用乎？曰：此即有賴乎高等學術也。個性將何以發展乎？曰：必先習乎生理、遺傳、衛生、心理、論理、美感諸學。人羣將何以發展乎？曰：必先習乎人種、歷史、地理、倫理、政治、羣學諸科。個人與社會，日與天然界接觸；且事事物物，皆在天然律範圍之內，即宋儒所謂事事物物皆有至理。朱子解理字曰：理有二方面，曰：何以如此？曰：所以如此。所以如此者，天然律之體。何以如此者，天然律之用。欲識天然律之體用，必先習乎生物、動物、植物、理化諸科。以上所述各科學，凡研究較深者，皆得稱之曰高等學術。

不博通乎此，則不可以研究教育。以西洋而論，大教育家中如亞利士多得（Aristotle）、馬丁路得（Martin Luther）、福祿培（Froebel）、斯賓塞（Spencer）諸子，何一非大學問家？以吾國而論，大教育家中如孟子、荀子、程明道、伊川、陸象山、朱晦庵、胡安定、王陽明諸子，何一非大儒？即以現今西洋社會而論，彼握教育樞紐者，誰非為人所信仰之學問家？其教育院中之學子，何一非兼長他學？有真學術，而後始有真教育；有真學問家，而後始有真教育家。吾國自有史以來，學問之墮落，於今為甚。今不先講學術，而望有大教育家出，是終不可能也。無大教育家出，而欲解決中國教育之根本問題，是亦終不可能也。或曰："方今士夫，競為虛浮，欺世盜名，弁髦學術。子毋作迂闊之言而自速訕謗！"余曰："其然乎？是誠余之迂也！"

（七年一月，《教育雜誌》）

個人之價值與教育之關係

教育有種種問題，究其極，則有一中心問題存焉。此中心問題惟何？曰做人之道而已。做人之道惟何？曰增進人類之價值而已。欲增進人類之價值，當知何者為人類之價值。然泛言人類之價值，則漫無所歸。且人之所以貴於他動物者，以具人類之普通性外，又具有特殊之個性。人羣與牛羣、羊羣不同。牛羊之羣，羣中各個無甚大別，此牛與彼牛相差無幾也，此羊與彼羊相差亦無幾也。人羣之中，則此個人與彼個人相去遠甚：有上智，有下愚；有大勇，有小勇，有無勇；有善舞，有善弈，有善射，有善御；皆以秉性與環境之不同，而各成其材也。故欲言人類之價值，當先言個人之價值。不知個人之價值者，不知人類之價值者也。人類云者，不過合各個人而抽象以言之耳。

陸象山曰：“天之所以與我者，至大至剛，問爾還要做堂堂底一個人麼？”此言個人之價值也。我為個人，天之所以與我者，至大至剛，我當尊之敬之。爾亦為個人，天之所以與爾者，亦至大至剛，我亦當尊之敬之。個人之價值，即爾、我、他各個人之價值。識爾、我、他之價值，即知個人之價值矣。個人云者，與爾、我、他有切膚之關係。尊敬個人，即尊敬爾、我、他。非於爾、我、他之外，復有所謂抽象的個人也。

我國舊時之社會，由家族結合之社會也，故合君、臣、父、子、兄、弟、夫、婦、朋友為羣。今日文明先進國之社會，由個人結合之社會也，故合爾、我、他各個人而成羣。由家族結合之社會，其基礎在明君、賢臣、慈父、孝子。由個人結合之社會，其基礎在強健之個人。

何謂強健之個人？其能力足以殺人以利己者，非強健之個人乎？曰：非也。殺人以利己，是病狂也。猶醉酒而膽壯，非膽壯也，酒為之也；其能力足以殺人，非能力大也，利誘之也。強健之個人，不當如醉漢之狂妄，而當若猛將之奮勇。

"天之所以與我者，至大至剛。"我當如猛將之臨陣，奮勇直前，以達此至大至剛之天性，而養成有價值之個人。做人之道，此其根本。

此"至大至剛"者何物乎？曰：凡事之出於天者，皆"至大至剛"。盧騷曰："天生成的都好，人造的都不好。"此即承認人之天性為"至大至剛"。教育當順此天性而行。象山曰："教小兒先要教其自立。"自立者，以其所固有者而立之，非有待於外也。

個人各秉特殊之天性，教育即當因個人之特性而發展之，且進而至其極。我能思，則極我之能而發展我之思力至其極。我身體能發育，則極我之能而發展我之體力至其極。我能好美術，則極我之能而培養我之美感至其極。我能愛人，則極我之能而發展我之愛情至其極。各個人秉賦之分量有不同，而欲因其分量之多少而至其極則同。此孔子所謂至善，亞里士多德所謂"Summum Bonum"（譯即至善）。

個人之價值，即存於爾、我、他天賦秉性之中。新教育之效力，即在尊重個人之價值。所謂"自由"，所謂"平等"，所謂"民權"

"共和""言論自由""選舉權""代議機關"，皆所以尊重個人之價值也。不然，視萬民若羣羊，用牧民政策足矣，何所用其"言論自由"？何所用其"選舉權"乎？牧民政策，仁者牧之，不仁者肉之；牧之始，肉之兆也。故牧民政策之下，個人無位置，盡羣羊而已。共和政體之下，選舉之權，盡操於個人，此卽尊重各人之價值也。政治因尊重個人，故曰共和，曰民權。教育因尊重個人，故曰自動，曰自治，曰個性。

我一特殊之個人也，爾一特殊之個人也，他一特殊之個人也。因尊重個人之價值，我尊重爾，爾尊重我，我與爾均尊重他，他亦還以尊重爾與我，我、爾、他均各尊重自己。人各互尊，又各自尊，各以其所能，發展"至大至剛"之天性。個人之天性愈發展，則其價值愈高。一社會之中，各個人之價值愈高，則文明之進步愈速。吾人若視教育為增進文明之方法，則當自尊重個人始。

（七年四月，《教育雜誌》）

進化社會的人格教育

何謂人格？本個人固有之特性，具獨立不移之精神，其蘊也如白玉，其發也如春日，而此特性，此精神，卽所謂人格也。以此為目的之教育，卽所謂人格教育也。

何謂進化社會？進化社會有三條件：一曰社會所貯蓄之文明，能日日加增也。不能保守固有之文明，不必言進化。能保守矣而不能加增，亦不能言進化。故進化社會，須日日加增其文明也。二曰社會之度量，能包容新思想也。退化的社會，度量狹窄，凡有新學說出現，必挫折之，使無存在之機會，而後乃快。有清之文字獄，與俄帝國時代之壓制言論自由，卽其例也。三曰大多數之人民，能享文化之權利也。如文化限於少數之人，則此少數人之思想縱或高尚，往往與一般普通社會相扞格。其結果也，於俄國則釀成虛無黨，於中國則養成迂遠不切事務之書獃子。少數之人，高談闊論，不可一世，而多數國民，其勞力如牛馬，其愚魯如蠢豕，社會之前程，遂黑暗而無光。

以上之三條件具而後社會始能進化。故個人之居進化社會中，當負此三種之責任。欲負此三種之責任，必先養成有負此責任之能力。

此能力之基礎有二：一曰能行，二曰能思。所謂能思者，養成清楚之頭腦，並有肝膽說出其思想，不可抄人成語，亦不可委委諾諾的隨人腳跟後講糊話。所謂能行者，做事擔得起責任，把肩膀直起來，萬斤肩仔我來當。夫如是，始能增加文化，生出新思想。至使大多數人民能享文化之權利，則須仗教育之普及。

　　進化社會的人格。本上文人格之定義，與夫進化社會之條件，個人能力之基礎，而作進化社會的人格之解釋曰：本個人固有之特性，具獨立不依之精神，其蘊也如白玉，其發也如春日；具清楚之頭腦，擔當萬斤肩仔之氣概，能發明新理而傳佈之；勇往直前，活潑不拘，居於一社會中，能使社會進步。而此特性，此精神，卽所謂進化社會的人格也。以此為目的之教育，卽所謂進化社會的人格教育也。

（七年六月，《教育雜誌》）

和平與教育

　　和平非不戰之謂也，和平亦非不戰可得而幾也。戰爭之戰仗武力，和平之戰仗正義。正義存乎世，則真正之和平始可得而保。若夫武人專權，正義掃地，雖無戰爭，非和平也，苟安耳。國民各懷苟安之心，而猶自詡其愛和平，游魚嬉釜，供人烹調而已。

　　吾國人素以愛和平著。然一究其原，吾國人所謂和平者，實無堅固之基礎。何以言之？曰：吾國所謂和平之基礎者，非仁政也歟？仁政也者，非卽所謂牧民政治也歟？國民如羣羊，仁君牧之；牧之得其道，則五穀豐登，家給戶足，熙攘往來，咸與昇平。雖然，仁政之下，暴政伏焉；牧之始，魚肉之始也。彼牧者一旦苟欲殺其羣羊而供其大嚼，則又誰與之抗！讀吾國歷史，一治一亂相乘續者無他，羊肥而食，食者暴也；羊瘠而牧，牧者仁也。牧而食，食而牧，循環不已。政府以民為羊，而民亦自甘居於羊之地位。若是者數千年，積重難返，居今日而視全國之人民，要皆懦弱無能之羣羊耳。故政客弄巧，國民無能為也；武人弄權，國民毋敢違焉。今日察吾國之大局，非一有政客武人而無國民之國乎？誰為為之？曰：仁政也，牧民政治也。牧民政治之和平，苟安而已。故今日欲得眞正之和平，當一反吾國向日之所謂牧民政治。

　　牧民政治之反面，卽平民主義是也（或曰民權主義）。平民主義，首以增進平民之能力知識為本，使人民咸成健全之個人、倡造進化的社會。於是一方以健全之個人、進化的社會，而為和平之保障；一方以個人之才智、社會之能力，而掃除強暴不良之政治。如此，則熙攘往來，咸與昇平，真正之和平至矣。

欲得永久之和平，必以平民主義為基礎。然欲自牧民政治而躍入平民主義，決非可苟且偷安而得者，則必自人人之奮鬥始。故吾所謂和平者，奮鬥之和平也；達此和平之教育，奮鬥之教育也。

向日德國教育主義，與夫自德國採取而來之日本教育主義，即所謂軍國民主義是也。日本以實踐之科學，武士道之軍隊，一戰而破紙虎之中國，再戰而敗雄熊之強俄，固軍國民教育之功也。然德國挾其軍國教育而與世界宣戰，卒敗於酷愛平民主義之美國與其他協約國。美國總統威爾遜曰：“吾美將犧牲一切，為正義而戰，為世界平民主義求安全而戰。”德軍既挫，平民主義遂占勝勢矣。

讀者諸君乎！強國之道，不在強兵，而在強民。強民之道，惟在養成健全之個人，創造進化的社會。美國以七萬五千之常備軍，期年之間，集雄兵達四百萬；運到法國者，每分鐘計七人，每小時四百二十人，每日一萬人。十一月十一日宣告停戰之日，美軍在法者約計二百萬人。其徵集、運輸之神速，令人驚駭。此無他，其國民之個人強也，其社會之進化率高也。美國之兵，皆平民也，未入伍以前，或為教員，或為商人，或為官吏，或為富家子，或為傭工，或為農人。其學校，無軍國民教育也；其陸軍總長，文人也。既無所謂督軍，更無所謂鎮守使。然而個個皆良兵，人人皆勇士。非國民個人之強健，而孰能臻此乎？總統一文告，而全國青年，均赴選舉區註冊入伍，無敢稍後。一舉公債，輒逾原額。主中饋者節省食料，大實業家棄職位而為政府效勞。國中工廠，盡聽政府調度。學

71

校男女兒童，或在庭前隙地種植，以增全國食料，或為紅十字會服務，以助救濟事業之進行。男子身赴前敵，女子代其職業；農場、工場，電車、鐵路，女子均操男子之業。威爾遜曰："工人之隊伍，其功與赴前敵之隊伍同。工人之機械，猶來復槍也。無工人之機械，則來復槍亦將失其功用。"由此言之，奏凱旋之功者，非獨兵士而已，全國國民與同功也。故和平云者，亦非獨弭兵而已，全國國民與有責也。苟非個人健全、社會進化，則戰時不足以制勝，平時亦不足以享受其幸福。故有健全之個人、進化的社會，則可戰可和；無此，則戰固不足恃，和平亦不足恃也。

和平之真義既明，而後始得言和平之教育。教育者，即達此和平目的之一方法也。欲圖永久之和平，必先解決教育之根本問題。吾國昔日之教育，牧民政治之教育也。孟子曰："立庠序之教，所以明人倫也：父子有親，君臣有義，夫婦有別，長幼有序，朋友有信。"又曰："人人親其親、長其長，而天下平。"近世西洋之教育，平民主義之教育也。曰自治也、獨立也、自由平等也，發展個性，養成健全之個人也，皆所以增進個人之價值，而使平民主義發達而無疆也。此次世界大戰之結果，平民主義已占勝勢；世界潮流，且日趨於平民主義（如俄羅斯之革命、日本之內閣更迭，均為平民主義發達之結果。日本歷來之內閣總理，均係貴族，此次原敬以士族而組閣，實為創例。友人之新自日本歸者，為余言曰："日本人民近數月間為世界潮流所感動，多傾向平民主義"）。平民主義愈發達，則其和平之基礎愈固。故欲言和平之教育，當先言平民主義之教育；欲言平民主義之教育，當自養成活潑之個人始。其道維何？曰：

（1）養成獨立不移之精神。

吾國青年最大之惡德有二：一委靡不振，一依賴成性。委靡不振，則遇事畏難，欲望減縮；事無大小，必無成功。依賴成性，則事事隨人腳跟後說話，新事業之創造，必不可能矣。故必使具高尚之思想，凡事須進一步想，勇往直前，百折不撓，以是而養成獨立不移之精神。此種青年愈多，則社會進化愈速。若夫垂頭喪氣，事事畏縮，豈所望於新教育所產生之青年哉！

（2）養成健全之人格。

曾文正曰："身體雖弱，不可過於愛惜，精神愈用而愈出。"此言當有界限。夫逸居飽食，以養精神，則精神必殭；若但用精神，不強體力，則終亦必踣。況近世文明複雜，必非枵杇之體所能擔當。回憶舊時同學之英俊，學成而夭折者，不可勝數。作者留外十年，返國訪舊，乃大半已入鬼鄉。以孱弱之身體，遇複雜之文明，不其殆哉！更念當時在外留學，十年之中，同學青年夭亡者，不過數人；衛生有道，非壽命也。體操也，網球也，野球、足球也，游泳、舞蹈也，皆所以延年之道也。球場、游泳池、舞蹈廳，到處皆是。彼國人士，羣趨而游戲焉。野球比賽，舉國若狂。其活潑運動之精神，貫澈於全國人民之生活。此實歐美個人健強社會進化之祕訣。而反觀今日吾國則如何？其他且勿論，但以學界言之，日課以外，則無娛樂之地。好學者讀書，讀書愈多，而身體愈弱；不好學者玩撲克，撲克愈多，而志氣愈消。讀書過度，禍同撲克，臧穀亡羊，其失均也。

（3）養成精確、明晰之思考力。

甚矣，吾國人之不思也！凡遇一事，或出於武斷，或奴於成見，或出於感情。故全國擾攘，是非莫衷。其斷事也，不曰大約如此，則曰差不多如此。夫以大約如此、差不多如此之知識，而欲解決近世複雜文明之問題，其能不失敗乎！某西人謂作者曰："差不多三字，誤了中國人不少。人人以差不多為知足，故缺少精確之知識。試問中國人口幾何乎？曰：差不多四萬萬。試問此處到彼處幾里乎？曰：差不多五六里。其尤甚者，則視是非為差不多、公私為差不多。"此非全國人民共具一糊塗之頭腦乎！以糊塗之頭腦，解析中國之問題，其有不錯亂紛雜者乎！故以教育方法解決中國之問題，當養成精確、明晰之思考力。欲達此目的，事事當以"何以如此"為前提。學校之中，當注重論理學、科學兩者，以為思考之基礎。記誦之學，非真教育也。

由上述來，欲養成健全之個人，則獨立不移之精神，筋血充實之體格，思考精確之頭腦，皆為至要。三者不具，雖有愛國道德等訓練，終亦歸諸無用而已矣。

個人強健，社會進化之基礎也。非此則成一不關痛癢之社會，今日之中國是也。雖然，謀一國文明之進步，有從個人方面入手而間接及於社會者，有直接謀社會之進步而間接及於個人者。個人與社會，固相互為用者也。至若個人之存在，所以為社會乎？抑社會之存在，所以為個人乎？此又別一問題，姑置弗論（以個人之存在所以為社會者，德國及日本之人生觀也；以社會之存在所以為個人者，英美兩國之人生觀也）。吾人但認謀社會進化，亦有直接之方法可也。以中國今日而論，直接謀社會進化之道，如之何其可乎？曰：

（1）改良起居。

中國起居之不良，凡稍吸外洋空氣者，莫不知之。街道狹窄，居室不通空氣，人居其間，得毋瘦弱枵朽乎！吾聞西人之論校舍也，甲說曰：校舍之壯麗，徒使貧家學生離校後，苦家庭之不良耳。乙說曰：學生在校養成起居清潔之習慣，離校後，知家庭起居之不良；長成獨立時，必設法以改良之，此乃改進社會之良法也。大多數之教育家，皆以乙説為是。故歐美之建築校舍，必取壯麗而舍簡陋。學生在校時，藉以涵養心神，啓發美德。離校後，藉以改良起居，為良子女之出產地。馬湘伯先生演説曰："數十年前吾游日本，見其人民形容瘦弱；數年前再游日本，見其人民體力强壯；其理何在乎？曰：數十年前之兒童，其出產地為臭水溝也，為豬檻也；近年來之兒童，其出產地為花園也。試觀上海人民，其黃皮瘦骨之形狀，西人莫不謂中國人種之退化。此無他，我國兒童之出產地，為臭水溝也，豬檻也。"言之透澈，無以復加。或曰：校舍之不良，非不欲改良也，國家經費不足也。斯言也，驟聞之雖亦近似，然尚有他原因存焉。迂儒曲士，奴於草廬茅屋之舊見，以為講學之地，無取壯麗。一般社會，肓從其説而附和之。故一有壯麗之校舍，出現於其地，即物議沸騰，斥為浪費。若是，辦學者，其誰願遭此物議乎！否則國家歲費數千萬，以養無用之兵，而未嘗有所吝惜，誰謂中國無錢乎！若以起居論，諸君不見上海靜安寺路霞飛路之西人住宅乎？樹木陰翳，花草滿庭，不疑若仙宮乎？然西人每日作事只八小時，事罷後，汽笛鳴鳴，汽車飛馳，往仙宮而息焉。吾國人自朝至晚，自元旦至除夕，一無休息。統一歲之勤勞，其所得尚不足以維持一清潔之家庭，而以臭水溝為子女之生產地，其故何耶？此足以深長思也。嗟夫！起居不良，皮黃骨瘦，精神疲倦，作事委靡。社會衰落，良有以哉！

（2）修築道路，振興實業。

道路，一國之血脈也。國無道路，則麻木不仁。美之治菲律賓也，修大道，築鐵路，全國之道路如蛛網也。日本之治臺灣、高麗也，亦以此為入手辦法。以高麗而論，日政府之規劃不遺餘力：行政之大機關與大機關相聯絡，有一等道路也；中等機關與中等機關相聯絡，有二等道路也；小機關與小機關相聯絡，有三等道路也；市鎮村落相聯絡，有四等道路也。菲律賓與臺灣，固作者所未親覦也，而高麗則曾一涉足其地矣。若較以中國之大，非有數萬里之鐵路，數百萬里之道路，則必無發達之望也。

欲使社會發達，一面當修築道路，一面振興種種實業。如鑛產也、森林也、製造也，皆為富國富民所必不可少之事業也。或曰：修築道路，振興實業，無一不須資本，中國貧極矣，將從何處以得資本乎？曰：外資可利用也。吾為此言，非欲鼓勵借債，以充政客之私囊，以填軍人之欲壑。蓋以修道路、興實業者，皆屬生利之事業。因生利事業而借用外資，有何不可？或又曰：君言良是，然於我教育界何關乎？曰：不知國家基本問題者，不足與言教育也。教育非養成書獃子而已，將為社會造有用之材也。不知社會之需要者，其能為社會造人材乎！諸君請勿以咿唔咕嘩為教育之終點！請各放開慧眼，向全國與世界一為視察！數間教室，非完全之教育場；數本教科書，非完全之教育資料也。

試觀今日中國，學校之畢業生，無論習文學，習商科，習工科，在社會求一職業，不可得也。外洋畢業回國之學生，日益增多，欲求一適當之職業，難於登天。若欲於外國公司得一職位，如英美煙公司、美孚洋油公司、奇異電燈公司等，亦非易事。其服務於政府乎？則政府無若許之官職。故敢斷言曰：中國如不修道路，不興實業，則畢業生途塞；畢業生途塞，則為父母者對於教育子弟之熱度必減。如是而欲中國教育之發達，將待之何時乎？

（3）獎進學術。

社會之進化，有兩種根本也。曰物質上的，卽改良起居、修築道路、振興實業是，前已言之矣。曰精神上的，卽獎進學術是也。

學術者，一國精神之所寄。學術衰，則精神怠；精神怠，則文明進步失主動力矣。故學術者，社會進化之基礎也。今以吾國之學術而論，一曰無系統；周秦之學術，最有系統者，墨家也。而儒家最有系統之書，為大學。此宋儒之所以自禮記中分出，以獨立為一書。宋儒求知識之方法，所謂致知、格物者，均自此出。然與希臘諸哲之書相較，其系統之完密，則吾國遠不如也。近世西洋學術之發達，科學之精密，皆導源於希臘學術之系統。蓋學術之系統完密，而後知識得精確。孔子曰："工欲善其事，必先利其器。"此之謂也。由是言之，欲為中國求精確之知識，非改良學術之系統不為功。二曰太重應用。夫學術太重應用，則惟適合於社會之現況而止，不能再求真理，因是而國民乏進步之思想矣。作者嘗以一小事而判中西人士思想之不同。比如以一物而贈西人，則必曰，此物甚有趣味；若以之而贈吾國人，則必曰，此物果何所用乎？蓋西人之愛物，以有趣味為前提；吾國人之愛物，以有用為前提也。三曰太重古文字。專重古文字，則解者必少；解之者少，則知識不能普及；此為社會進化之障礙。侯官嚴氏之譯《天演論》也，可謂譯界傑作；然而能讀而領悟之者，究得幾何人？其能作此種文字者，則更有幾何人乎？作者嘗讀英文原本之《天演論》矣，其文字之淺顯，雖小學學生，亦能解讀。而嚴氏矜尚古文，從事翻譯，其得名重於一時，要亦迎合社會重古文字之心理耳。此種心理不改，則必使譯者擱筆，將何所藉而輸入新思想乎？欲改良以上諸缺點，第一，當講論理學、科學之方法，蓋此二者，學術系統之基礎也。第二，提倡精神上之興趣。夫應用二字，當以物質的或社會的用處為限。若夫精神上之興趣，則以求得新理為愉快。新理愈多，則社會愈進化；而後始得言永久之應用。紐頓見蘋果墮地而明地心之吸力，豈為應用哉！然而於物理上之應用正無窮也。笛卡爾之造微積分，豈為應用哉！然而於工程上之應用正無窮也。西洋種種新理之發明，出於精神上之興趣者甚多。因有精神上之興趣，故不以目前物質社會之應用為限。因有種種新理之發明，則新理日出，而後應用乃無窮。故精神之趣味，應用之源也；物質社會之應用，新理之流也。吾國數千年來，過重應用，迄今新理用盡，而源絕矣；源絕而流涸矣。杜威博士有言曰："太應用，則反不應用。"願吾人三復斯言也。第三，革新文學。文學革新之方法，作者不敢於此短篇中武斷之。然就教育方面言，知必先求言、文之接近。言、文接近，教育方能普及。八股敝，改策論；策論敝，將何改乎？文學革命乎，將來必澎湃全國，無可疑也。作者復有一言，為今日之著作家忠告曰：欲求學術之發達，必先養成知識的忠實。讀者試觀今日之出版物中，有明明抄襲而成也，則美其名曰著；明明轉譯自日文，而曰譯自英文、法文或德文。夫對於金錢不忠實，不可以為商；對於行為不忠實，不可以為人。對於知識不忠實，其可以言學術乎？作者又為教育部忠告曰：教育部為全國教育界觀感所繫者也，當設種種方法，獎勵學術，為全國倡。人民亦當結社研究，激發一般社會尊重學術之精神。學術興，則中國之精神必蓬勃蒸發，日進無疆。

雖然，欲實行以上種種之政策，必有千萬阻力，當於我前。必用全力奮鬥，乃克有濟，不可以苟安幾也。以正義為先導，以養成健全之個人進化的社會為後盾，張旗鳴鼓，勇猛前進，此即所謂為和平而戰也。戰而勝，則平民主義由是而生存，真正和平由是而永保。和平與教育之關係，如是如是。

（八年一月，《教育雜誌》）

什麼是教育的出產品

——上海學術講演之一部份

　　我們以前聽了俾士麥說，德國的強盛，是小學教育的功，所以我們也來辦小學，以為小學堂辦幾千個，中國就強了。後來聽說日本的強盛，也從小學教育得來的，所以我們大家都信小學教育，好像一瓶萬應如意酒、一粒百病消散丸，靈驗無比，吃了就百病消散。小學學生現在也有三百多萬了，那知道社會腐敗，比前一樣，國勢衰弱，比前一樣，這是什麼緣故呢（據民國十八年度統計，全國小學及幼稚園的學生，已達八百九十萬人）？

　　第一是人數太少。中國四四萬人，若以五分之一入小學計算，須有八千萬人。這三百多萬，只能占百分之四，還有百分之九十六的兒童沒有受教育，那裏能夠收小學教育的效果呢？第二是教育根本思想的誤謬。我常常聽見人說，學生是中國的主人翁，若是學生是中國的主人翁，誰是中國的奴隸呢？教育不是養成主人翁的。又有人說，教育是救國的方法，所以要小學生知道中國的危險，激發他們的愛國心，痛哭流涕的對小學生說，中國要亡了；這班天真爛漫的小學生，也不知中國是什麼東西，只聽得大人說"不好了""要亡了"這些話，也就悲哀起來；弄得正在萌芽、生氣勃勃的小孩子，變成枯落的秋草。

"主人翁""枯落的秋草"兩件東西，可算是我國辦教育的出產品。

我們向來的教育宗旨，本來養成主人翁的。俗語說："秀才，宰相之根苗"；向來最普通的小學教科書《神童詩》說："朝為田舍郎，暮登天子堂。"我們又常常說："范文正為秀才時，即以天下為己任。"個個秀才都要做宰相，個個田舍郎都想登天子堂，你看那裏有這許多位置呢？

我們向來讀書的宗旨，確是要把活活潑潑的人，做成枯落的秋草。科舉的功效，把天下的人才都入了彀中；讀書的結果，把有用的人都變成了書獃子。這不像枯落的秋草麼？

主人翁，和枯落的秋草，本來是舊教育的出產品，也是新教育的出產品，不過方法不同罷了。

若以高一層論，讀書是學做聖賢，王陽明幼時對先生說："讀書是學做聖賢。"若個個讀書的人要做聖賢，國中要這許多聖人賢人做什麼？我們現在的教育，還趕不上說這一層咧。

大學講修身、齊家、治國、平天下，是中國教育的宗旨。到了後來，"規行矩步""束身自好"算修身；"父為子綱""夫為婦綱""三從四德"等等算齊家；愚民的"仁政"算治國。你看身那裏能修、家那裏能齊、國那裏能治呢？

現在要講修身，要養成活潑潑的個人；要講齊家，要夫婦平等；爸爸不要把兒子視作附屬品，兒子不要把爸爸做子孫的牛馬；要講治國，先要打破牧民政策，採用民治主義。

並要把個人和家的關係改變過，創造一個進化的社會出來。個人是社會的分子，不是單在家庭之中，做父親的兒子、兒子的父親、母親的女兒、女兒的母親、老婆的丈夫、丈夫的妻子，把家庭、國家，認作社會的兩個機關，來發展個人和社會的幸福；不要用家庭、國家，來吞沒個人，毀壞社會。

我們講教育的，要把教育的出產品，明明白白，定個標準。預定要產什麼物品，然後來造一個製造廠。不要拿來一架機器，就隨隨便便的來造物品。據我個人的觀念，我們以前所產的"主人翁""枯草"，和所產的宰相、聖賢，都是不對。我們所要產的物品，是須備三個條件的人。

（1）活潑潑地個人——一個小孩子，本來是活潑潑的。他會笑，會跳，會跑，會玩耍，近山就會上山去採花捕蝶，近水就會去撈水草、拾蚌殼、捕小魚，近田就會去捕蝗蟲、青蛙。他對於環境，有很多興會。他的手耐不住的要摸這個、玩那個，腳耐不住的要跑到這裏、奔到那裏，眼耐不住的要瞧這個、那個，口關不住的要說這樣、那樣，你看如何活潑。我們辦學校的，偏要把他捉將起來，關在無山、無水、無蟲、無花、無鳥的學校裏；把他的手腳綁起來，使他坐在椅上不能動；把他的眼遮起來，使他看不出四面關住的一個課堂以外；要他的口來念"天地元黃，宇宙洪荒""人之初，性本善"，種種沒意義的句子。現在改了"一隻狗""一隻貓""哥哥讀書，妹妹寫字"，這些話，就算是新式教科書了。還有講歷史的時候，說什麼"黃帝擒蚩尤"這些話，小孩子本不識誰是黃帝，更不識誰是蚩尤。孩子聽了，好像火星裏打來的一個電報。還有叫他唱"陀，來，米，發，索，拉，西"的歌，叫他聽"咿唎嗚嚕"響的風琴，不如小孩兒素來所唱的"螢火蟲，夜夜紅，給我做盞小燈籠"好得多。二十五塊錢的壞風琴，不如幾毛錢的笛和胡琴好得多。小兒的生長，要靠着在適當的環境裏活動。現在我們把他送入牢監裏束縛起來，他如何能生長。明代王陽明也見到這個道理，他說："大抵童子之情，樂嬉戲而憚拘檢。如草木之始萌芽，舒暢之則條達，摧撓之則衰萎。今教童子必使其趨向鼓舞，中心喜悅，則其進自不能已。譬之時雨春風，霑被草木，莫不萌動發育，自然日長月化。若冰霜剝落，則生意蕭索，日就枯槁矣。……若近世之訓蒙稗者，日惟督以句讀課倣，責其檢束，而不知導之以禮；求其聰明，而不知養之以善；鞭撻繩縛，若待拘囚，彼視學舍，如囹獄而不肯入，視師長如寇讐而不欲見……是蓋驅之於惡，而求其為善也，可得乎哉?"(《訓蒙大意》) 德國福祿培創教養兒童自然的法兒，他設了一個學校，用各種方法，使兒童自然發長；他不知道叫這學校做什麼。一日，他在山中游玩，看見許多花木，都發達的了不得；他就叫他的學校做幼稚園（kindergarten）。"kinder" 是兒童，"garten" 是花園。幼稚園的意思是"兒童的花園"，後來那知道漸漸變為"兒童的監獄"。我們把兒童拿到學校裏來，只想他得些知識，忘記了他是活潑潑地一個小孩子；就是知識一方面，也不過識幾個字罷了。

無論在小學裏，或在中學裏，我們要認定學生是本來是活的，他們的體力、腦力、官覺、感情，自一天一天的發展，不要用死書來把他們的生長力壓住。我們都知道現在中學卒業的學生，眼多近了，背多曲了。學級進一年，生氣也減一年。這是我們中國教育的出產品！

（2）能改良社會的個人——個人生在世上，終逃不了社會，所以社會良不良，和個人的幸福很有關係。若我但把個人發展，忘卻了社會，個人的幸福也不能存在。中國辦學的一個難處，就是社會腐敗。這腐敗社會的惡習，多少終帶些入學校裏來。所以學校裏的團體，終免不了社會上一種流行的惡習，不過比較的好些罷了。學校是社會的鏡子，在這鏡子裏面瞧一瞧，可以見得社會上幾分的惡現象。不過學校裏的生活，終比社會上高一層，所以學生可以有改良社會的一個機會。學校須利用這個機會，養成學生改良社會的能力。普通父母送子弟入學校的用意，是有兩種希望。一種是為家庭增資產，以為"我的兒子"入了學校念了書，將來可以立身，為家增一個有用的分子。一種是為國家求富強，以為"我的兒子"求了學，將來可以為"拯世救民"的人才。第一種是家屬主義的"餘蔭"，第二種是仁政主義的"餘蔭"。學校的宗旨，雖不與此兩種希望相反對，但不是一個注重點。學校的宗旨，是在養成社會良好的分子，為社會求進化。社會怎樣才進化呢？個人怎樣來參加謀社會進化的運動呢？這兩個問題，是學校應該問的。社會怎樣才進化這個問題，我們可暫時不講，個人怎樣來參加謀社會進化的運動，是我們現在應該研究的。我想要學生將來參加改良社會的運動，要從參加改良學校社會的運動做起。我講到此，不得不提起學生自治問題了。學生自治，可算是一個習練改良學校社會的機會。我們現在講改良社會，不是主張有一二個人，立在社會之上，操了大權，來把社會改良。這種仍舊是牧民制度，將來的結果是很危險的。教育未發達以前，或可權宜用這個方法，如山西閻百川的用民政治。但這個辦法，是人存政存、人亡政息，不是根本的辦法。江蘇南通將來的危險也在這裏。所以我們贊許閻百川治晉是比較的，不是單獨的。若以單獨的講起來，這種用民政治，仍是一種"仁政主義""牧民政策"。我是很佩服閻百川的，我並不是批評他，但我希望他一面"用民"，一面不要忘了這是權宜之計，將來終要漸漸兒改到民治方面去才好。我常常對人說。江浙兩省，是江南富庶之地、兄弟之邦，得了兩個兄弟省長，為何不照閻百川的辦法來幹一幹呢？這種事情不幹，如浙江的齊省長，沒有事做，看了學生的一篇文，倒來小題大作。我想一省的省長，那裏有這種空功夫！

學生自治，是養成青年各個的能力，來改良學校社會。他們是以社會分子的資格，來改良社會；大家互助，來求社會的進化。不是治人，不是做主人翁；是自治，是服務。有人說，學生自治會裏面，自己搗亂，所以自治會是不行的。我想自治會裏邊起衝突，是不能免的，這是一定要經過的階級。況且與其在學校裏無自治，將來在社會上搗亂，不如在學校中經過這個試驗，比較的少費些時。

（3）能生產的個人——以前的教育，講救國，講做中國的主人翁，講濟世救民；最好的結果，不過養成迷信牧民政策的人才。不好的結果，自己做了主人翁，把國民當做奴隸；不來救國，來賣國；不來濟世救民，來魚肉百姓；到了後來，"只准州官放火，不許百姓點燈"。今後的教育，要講生產，要講服務，要知道勞工神聖。為什麼要講勞工神聖呢？因為社會的生產都靠著各個人勞力的結果，各個人能勞力，社會的生產自然就豐富了。假如大多數的人，都是"四體不勤，五穀不分"，社會怎樣能生存呢？又如杜威先生說，希臘文化很發達，科學的思想也很發達，何以希臘沒有物質科學呢？何以物質科學到十九世紀才發展起來呢？因為希臘人瞧不起做工的人，瞧不起做工，就不會試驗；不會試驗，就沒有物質科學了。我們中國，素來把政治、道德兩樣合起來，做立國的中心，如孔子說的："為政以德，譬如北辰，而眾星拱之。"如孟子說："王何必曰利，亦曰仁義而已矣。"都是道德和政治並提。我們的學校，也不外政治道德四個字，如孟子說："立庠序之教，所以明人倫也：父子有親，君臣有義，夫婦有別，長幼有序，朋友有信。"幾千年來的教育宗旨，都是一個"拯世救民"的仁政主義、牧民政策；今天以百姓當羊，來牧他；明天羊肥了，就來吃他。你看中國幾千年的"一治一亂"，不是羊瘦牧羊、羊肥吃羊的結果麼？現在我們假設百姓是羊，我們要羊自己有能力來尋草吃，不要人來牧；那麼羊雖肥，不怕人來吃他的肉。這是講句笑話罷了，我們那裏可當百姓作羊？百姓都是活潑潑地人。我們把百姓能力增高起來，使他們有獨立生產的能力，那要人來施仁政、來牧他們？

要能獨立生產，要先會工作，要知道勞工神聖。美國教員聯合會現在已加入勞動聯合會。這是全國教師，承認教書也是勞工。凡有一種職業，為社會生產的，都是勞工。勞心、勞力，是一樣的。"勞心者役人，勞力者役於人"，這兩句話，實在有分階級的意思在裏面，未免把勞力的人看得太輕了。把以上的話總括說一句，教育要定出產品的標準，這標準就是：

活潑潑的、能改良社會的、能生產的個人。

（八年十一月，《新教育》）

教育思想的根本改革

(蔣夢麟先生在第二師範講)

本文係錢君耕香所記，與上文根本意思相同，惟所言稍有增損。附錄於此，以便參看。

今日為中華民國九年之第一日，也是上海四團體所組織的學術講演會講演的第一次。今日鄙人所講的，為今日最重要問題——教育問題。以前學生同政府奮鬥，想掃除那些政客武人；那末吾們國家的根本改革、根本發達，全賴我國的青年學生。所以這個問題，簡直是吾們生死存亡的問題，也是青年學生最重要的問題。當教員的自然不可以糊糊塗塗過去；要是糊裏糊塗做去，那是不得了。所以根本思想，必須完全考慮過才是。

大凡一個國家，終脫不了遺傳的性質，不知不覺的流傳下來。教育上也很多，例如"學生是中國的主人翁"。凡做學生的，往往有這種思想。但是試問那個來替你做奴隸呢？

還有我們辦教育的，模仿性也太重了。論語上說"學而時習之"，朱子註"學之為言效也"，這明明教人模仿。不知不覺的流傳下來，印入腦筋裏，根深蒂固，所以到現在，還是這樣。德國是辦教育強的，所以吾們也辦教育；日本是辦教育強的，所以吾們也辦教育。看教育好像萬應如意油、百病消散丸，當教育為萬能。然而吾們模倣他了，教育也辦了，還是這樣，還是不應，不如意，百病不消散。從這點看來，方才曉得有兩個原因：

（1）受學的人少。假使我國人民有五分之一入學的，那末當有八千萬。現在小學生不過三百萬，祇有百分之四；還有百分之九十六，都不受教育。那末那裏還可以像如意油、萬應消散丸的消滅百病（據民國十八年度的統計，全國小學及幼稚園的學生，已達八百九十萬人）？

（2）根本思想的錯誤。如錯認學生為中國的主人翁，不知不覺的流露出來。淺近看起來，如從前私塾裏念的《神童詩》上說："朝為田舍郎，暮登天子堂"，范文正的"以天下為己任"，都是教人做良相。這種思想遺傳下來，到現在還沒有消滅。進一步講：讀書做聖賢，那末一國中要許多聖賢來什麼用呢？學生是主人翁，也是這樣。還有一種：因為要愛國、救國，所以來辦教育。他看了中國危險萬分了，就教小孩子什麼中國危險，什麼不得了，好像向秋天的花說道："你不得了，要死了"，使小孩子變成一種枯的秋草。從前科舉時代，使天下英雄，都入吾彀中，也是養成枯草式的、死的、消極的人才罷了。所以講《神童詩》的教育，一方面養成登天子堂的思想；一方面養成書獃子。吾們天天講教育，不過如是。吾在北京大學，看新入學的學生——中等學校畢業生——體育真不行。小孩子本來會跑會跳的，後來進學校，就不行了；眼有病了，要帶眼鏡了，背也曲了，肺也小了。這樣辦教育，將來真不堪設想呀。

現在要謀教育思想的根本改革，第一須改革出產品；學校好像機器，所以造就人才，好像製造出產品。出產品的改革如下：

（1）要養成活潑潑的、能自動的一個人，不應該使他成一個曲背、近視眼的一個人。以前歐洲的教育，也是如此。到了一八三七年，德國人佛洛培爾（Froebel）他看待學生，好像花草一樣，任其自然長大的，但是沒有名稱題他的學校。後來他到一處山中，聽着鳥鳴水流，看見許多花草，種種天然景緻，他忽然連想到他的學校，就名他幼稚園（kindergarten）（小孩子的花園）。現在吾國辦教育，竟忘了 kindergarten 的原意，簡直把他當做監牢一樣；好像一個很有景緻的山，變成了一座童山；吾要叫他幼稚牢了。小孩子四五歲的時候，很活潑，很好動的；一進學校，就不許他動，不放他活潑，那末能力就消滅起來。用"天地玄黃""人之初"教小孩子，知道不行了，就改用教科書，教"一隻狗""一隻貓"；教歷史，便是"黃帝擒蚩尤"，可惜那些小孩子，連黃帝是那個都不曾曉得。吾小的時候，記得唱"螢火蟲，夜夜紅，替我做盞小燈籠"。現在偏要唱"du ra mi……"買一具風琴。不但中國是如此，外國也有這樣的情形。有一天，有一個小孩子，指着牛來問我是什麼，我同他說"牛"。他說："我們書裏邊圖畫裏的牛沒有那樣大。這不是牛，這不是牛。"又有一個小孩子，拿一個橘子來給我，他說："我送你一個地球。"（因為聽見先生說地球像橘的圓）這種情形，都是四面牆壁的教室，監牢住的結果。明朝王陽明也曉得小孩子本來好動的，要像春風時雨樣的滋長的；要是不許他動，那末讀書的房子，便是監牢一樣；教的人，像守牢的人一樣。他本來好動的，現在不許他動，這便是"違天然""殺國民"。所以吾們根本的改革，要養成活潑、自動的一個人。

（2）要養成他做一個有能力去改良社會的人。孟子說："庠序之教，所以明人倫也。……"大學上也說："修身，齊家，治國，平天下。"所謂修身，規行矩步，不管閒事。所謂齊家，吾是親的子，親是吾的馬牛。還有三從四德、三綱五常。這都是教一般學生，應該學的，應該守的。後來社會進化，有了學校，便送孩子到學校裏去；但是他的宗旨：①能夠掌理家事，②做主人翁。這兩種心理，是根據着修身、齊家、治國、平天下來的。社會上所謂好教育，不過是希望有仁政主義、牧民主義的政策；有良相賢君來替你做事，算是恩德無量了。看歷史上的一治一亂，無非是羊肥羊瘦的不同。羊的食，要靠他自己去尋的，而且人不是羊，那末牧民政策，還有存在的理由嗎？現在的學生（將來社會的分子），是要改良社會的，要具改良社會的能力的，不是做什麼主人翁的。所以學生要自治，使學校做成社會；教學生做學校社會的分子，去改良他的社會，養成改良社會的能力；教他出去做一個社會分子，能夠改良社會。有人說：學生自治，學生自治，他們一味搗亂；那自治能力還沒有，決不能放他自治的。但是這種現象，是必經的階級，所以衝突、搗亂的事情，一定不免的；不過，與其到將來社會上去發見，不如在學校裏使他經過這個經驗和階級。試驗化學的人，決不能因瓶子爆破而不試驗的。所以這種試驗，一定要有，正所以打破幾千年仁政主義、牧民主義的政策，來做改良社會的分子。這樣看來，山西閻百川的治理山西，雖然很好，但是終不免“人存政舉，人亡政息”的憂慮。吾希望他一方面姑作權宜之計；一方面養成民治的能力和精神，使他能夠自治。吾們江浙兩省，算是富饒之地，如果像山西那樣辦理，那是可佩服得很了。

（3）要有生產的能力。從前講教育的，都不講生產；所以孟子見梁惠王說：“王仁義而已矣，何必曰利！”因此讀書的都恥談利；因此政治、道德，就併談起來。《論語》上說：“為政以德，譬如北辰，居其所而衆星共之。”辦教育的也提倡政治、道德，養成良相、聖賢。這種謬見，到現在還沒有消除。學生們當然要能夠改良社會，所以一定要使他們在社會上能夠生產。丈人說孔子"四體不勤，五穀不分"。我們應當四體要勤，五穀要分。大家說勞工神聖：因為不勞工，社會上生產力要停頓的，要他一直生產下去，所以要勞工；因為不去勞工，社會上就沒有生產，所以叫做神聖。十九世紀物質科學的發達，全賴勞工。杜威博士也說過："希臘輕視勞工，所以物質科學不發達。""勞工"兩字，並非單指泥水匠、木匠……而言，做教員、做醫生……的，都叫勞工。所以凡是為社會服務的，有生產能力的（包括勞心、勞力），都叫做勞工。從前人說：勞心者役人，勞力者役於人。這是階級時代的思想，現在不行了。現在勞心者，也有役於人的；勞力者，也有役人的。做教員，是勞心者役於人的；華僑因勞力起家，開學校，辦工廠，是勞力者役人。勞心、勞力，一樣是勞工。美國教育會，現在都加入了工黨。可知勞工，真不可再缺乏了。

（蔣先生本來預備講"出產品的改革"和"方法的改革"兩部，因時間不夠，所以"方法的改革"只好待諸將來。又蔣先生這回的演講，他說將來或者要寫出來登在《新教育》雜誌上或報上。那末這篇記得不詳或背先生所講的地方，儘有訂正的希望。記者識。）

學生自治

（在北京高等師範演說）

今日為北京高等師範成立紀念日，並學生自治會成立的日子。我得這個好機會和北京高等師範的學生諸君談學生自治的問題，我心裏很快活。這個問題，杜威先生和蔡孑民先生，已經在我的先講過了，我不知道能否在兩先生講的以外，加添些新意思。我想我們講學生自治，要研究三個要點。

第一就是學生自治的精神——精神就是全體一致、到處都是的公共意志。這個公共意志的勢力最大，凡團體有這東西在裏邊，一部分的分子，就會不知不覺的受他感化。自治的基礎就在這裏。這個精神就是自治的基礎。沒有這精神，團體的意志，就不能結合起來。裏邊的分子非但不能互助進行，而且要互相阻撓。團體解散，都是從這裏生出來的。諸君要知道團體是一個有機體，譬如一個人，手足耳目口鼻，要和意志一致行動。若意志要看書，這眼去看了桌旁的一盆花；意志要講英語，這口去操法語；意志要走，這腳偏不動；這豈不是變了一個瘋子麼？團體的精神，就是團體的意志。若分子不照這意志行事，這個團體就瘋了。

所以團體結合的要素，不是在章程，是在養成一個共公的意志。換一句說，就是養成一個精神。在學校裏面，我們亦叫他做“學

91

風"。我們舊時辦學校的，也時時講這"學風"兩個字。我國從前的太學生，在歷史上很占重要的位置；他們聚了幾萬人伏闕上書的時候，雖很有權勢的狠吏，也怕他們。因為他們都從"富貴不能淫，威武不能屈"的"學風"中培養出來的。

學生自治，並不是一種"時髦"的運動，並不是反對教員的運動，也不是一種機械性的組織。學生自治，是愛國的運動，是"移風易俗"的運動，是養成活潑潑地一個精神的運動。學生自治，要有一個愛國的決心、"移風易俗"的決心、活潑潑的勇往直前的決心。沒有這種大決心，學生自治是空的，是慕虛名的，是要不得的。

第二是學生自治的責任——學生自治既不是一個空虛的美名，大家就要去幹這自治的事業，大家就負了重大的責任。諸君，學生沒有自治以前，學校學風不良，你們可以歸罪教職員。學風不良，大家罵辦學校的人，辦學校的人也不能逃罪。若學生自治以後，教育不良，大家就可以罵學生。到那時候，諸君豈不是變了中國教育不良的罪人麼？我們主張學生自治的人，也要受人唾罵，沒有面目見"江東父老"了。我想學生自治，有四個大責任。（1）是提高學術程度的責任。現在我們中國學校程度太低，教員說：學生太懶惰，不肯好好求學。學生說：教員不好，不能循循善誘我們。這兩邊的話，都具一方面的真理。今日講學生自治，我把教員一方面的責任暫時擱起來不講。我想做教員的應該責備教員，做學生的應該責備學生，不要彼此互相責備。彼此互相責備，就是彼此逃責任，那就糟了。做學生的，先要從自己身上着想，自己問自己，自己的責任，是不是已經盡了；若還沒有盡，不要責人家，先責自己罷了。這就是真正的自覺。學生對於學術方面，要有興會，要想得透，要懂得澈底。不要模模糊糊的過去，過一天算一天，上一課算一課。照這樣做去，那裏能夠提高學術呢？（2）公共服務責任。自治是自動的服務，是對於團體服務。自動的服務，是自己願意服務，不是外面強迫的。本自己的願意，對於團體做公益的事。這是有兩方面：一方面是消極的，一方面是積極的。消極方面是個人不要對於團體做有害的事。積極方面是個人要做團體有益的事。消極方面就是自制，是削除亂源的辦法。積極方面就是互助，是增進公共利益的辦法。自治之中，自制和互助都不能少的。（3）產生文化的責任。學生自治團體，不是組織了以後，學校裏不鬧"亂子"就算滿足了。自治團體，要有生產力。農人自治，要多生農產；工人自治，要多出工作；學生自治，要多產文化。多產文化的方法，就是多設種種學術研究團體。如演說競爭會、學生講演會、戲劇會、音樂會等等，互相研究，倡作種種事業。（4）改良社會的責任。學生事業，不僅在校內，要與社會的生活相接觸。以學生所得的知識，傳布於社會，作社會的好榜樣，使社會的程度，漸漸提高。真正的自治，就是要有這四種的責任。諸君！自治不是好玩的事呀。

　　第三點是學生自治的問題——學生團體，是全校團體的一部分。學生團體所做的事，是全校負責任的。所以學生團體與學校中他團體有密切關係，要聯絡進行，共謀全校幸福。這就生出幾種問題來。這幾種問題不解決，將來恐生出種種阻力。（1）學生個人和教職員個人或團體的問題。自治會成立後，學生個人行動，是否應受教職員的干涉？我說學生個人行動不當，不但教職員當干涉，學生團體亦當干涉；學生團體不干涉個人不當的行動，這自治就破壞了。所以學生團體不但要去干涉他，而且要教職員大家幫忙，共同維持全校的名譽。（2）學生團體和教職員個人的問題。學生團體，應該歡迎教職員的忠告。諸君！要知道教職員和學生，同是謀全校幸福的一分子。（3）學生自治團體和教職員團體的問題。這個問題比較以前兩個問題複雜不少。將來的問題，恐怕都從這裏生出來的。活潑有精神的自治會，必歡喜多幹事，範圍必漸漸兒擴大。那時因這個範圍問題，就會和教職員的團體發生衝突。有一件事發生，學生團體說，這是在學生團體的範圍內的，教職員團體說，這是在教職員團體的範圍內的。此時兩方面各要平心靜氣，推誠布公，把這個問題大家來討論；討論有了結果，然後來照行。不要因一時之憤激，生出許多無謂的誤會。兩個團體之間，凡有一個問題發生，終要照這個辦法來做，行了一二年，範圍就定了，學生自治的機關就穩固了。有了精神，知道了責任，又能平心靜氣來解決問題，學生自治會沒有不發達的道理。

（八年十月，《新教育》）

我們對於學生的希望

（本文是胡適之先生和我共同發表的，由胡先生起草）

今天是五月四日。我們回想去年今日，我們兩人都在上海歡迎杜威博士，直到五月六日方才知道北京五月四日的事。日子過的真快，匆匆又是一年了！

當去年的今日，我們心裏只想留住杜威先生在中國講演教育哲學；在思想一方面提倡實驗的態度和科學的精神，在教育一方面輸入新鮮的教育學說，引起國人的覺悟，大家來做根本的教育改革。這是我們去年今日的希望。不料時勢的變化大出我們意料之外，這一年以來，教育界的風潮幾乎沒有一個月平靜的；整整的一年光陰就在這風潮擾攘裏過去了。

這一年的學生運動，從遠大的觀點看起來，自然是幾十年來的一件大事。從這裏面發生出來的好效果，自然也不少：引起學生的自動精神，是一件；引起學生對於社會、國家的興趣，是二件；引出學生的作文演說的能力、組織的能力、辦事的能力，是三件；使學生增加團體生活的經驗，是四件；引起許多學生求知識的欲望，是五件。這都是舊日的課堂生活所不能產生的，我們不能不認為學生運動的重要貢獻。

社會若能保持一種水平線以上的清明，一切政治上的鼓吹和設施、制度上的評判和革新，都應該有成年的人去料理；未成年的一代人（學生時代之男女），應該有安心求學的權利，社會也用不着他們來做學校生活之外的活動。但是我們現在不幸生在這個變態的社會裏，沒有這種常態社會中人應該有的福氣；社會上許多事被一班成年的或老年的人弄壞了，別的階級又都不肯出來干涉、糾正，於是這種干涉、糾正的責任遂落在一般未成年的男女學生的肩膀上。這是變態的社會裏一種不可免的現象。現在有許多人說學生不應該干預政治，其實並不是學生自己要這樣幹，這都是社會和政府硬逼出來的。如果社會、國家的行為沒有受學生干涉、糾正的必要，如果學生能享安心求學的幸福而不受外界的強烈刺激和良心上的督責，他們又何必甘心拋了寶貴的光陰，冒着生命的危險，來做這種學生運動呢？

簡單一句話：在變態的社會、國家裏面，政府太卑劣、腐敗了，國民又沒有正式的糾正機關（如代表民意的國會之類）。那時候，干預政治的運動，一定是從青年的學生界發生的。漢末的太學生，宋代太學生，明末的結社，戊戌政變以前的公車上書，辛亥以前的留學生革命黨，俄國從前的革命黨，德國革命前的學生運動，印度和朝鮮現在的運動，中國去年的五四運動與"六三"運動，都是同一個道理，都是有發生的理由的。

但是我們不要忘記：這種運動是非常的事，是變態的社會裏不得已的事，但是他又是很不經濟的不幸事。因為是不得已，故他的發生是可以原諒的。因為是很不經濟的不幸事，故這種運動是暫時不得已的救急的辦法，卻不可長期存在的。

荒唐的中年、老年人鬧下了亂子，卻要未成年的學生拋棄學業，荒廢光陰，來干涉、糾正，這是天下最不經濟的事。況且中國眼前的學生運動更是不經濟。何以故呢？試看自漢末以來的學生運動，試看俄國、德國、印度、朝鮮的學生運動，那有一次用罷課作武器的？卽如去年的"五四"與"六三"，這兩次的成績可是單靠罷課作武器的嗎？單靠用罷課作武器，是最不經濟的方法，是下下策；屢用不已，是學生運動破產的表現！

罷課於旁人無損，於自己卻有大損失，這是人人共知的。但我們看來，用罷課作武器，還有精神上的很大的損失：

（1）養成倚賴羣衆的惡心理。現在的學生很像忘了個人自己有許多事可做，他們很像以為不全體罷課便無事可做。個人自己不肯犧牲，不敢做事，卻要全體罷了課來吶喊助威，自己卻躲在大衆羣裏跟着吶喊，這種倚賴羣衆的心理是懦夫的心理！

（2）養成逃學的惡習慣。現在罷課的學生，究竟有幾個人出來認真做事？其餘無數的學生，旣不辦事，又不自修，究竟為了什麼事罷課？從前還可說是"激於義憤"的表示，大家都認作一種最重大的武器，不得已而用之。久而久之，學生竟把罷課的事看作很平常的事。我們要知道，多數學生把罷課看作很平常的事，這便是逃學習慣已養成的證據。

（3）養成無意識的行為的惡習慣。無意識的行為，就是自己說不出為什麼要做的行為。現在不但學生把罷課看做很平常的事，社會也把學生罷課看做很平常的事。一件很重大的事，變成了很平常的事，還有什麼功效靈驗？旣然明知沒有靈驗功效，卻偏要去做；一處無意識的做了，別處也無意識的盲從。這種心理的養成，實在是眼前和將來最可悲觀的現象。

以上說的是我們對於現在學生運動的觀察。

我們對於學生的希望，簡單說來，只有一句話："我們希望學生從今以後要注重課堂裏、操場上、課餘時間裏的學生活動，只有這種學生活動是能持久又最有功效的學生運動。"

這種學生活動有三個重要部分：

（1）學問的生活；

（2）團體的生活；

（3）社會服務的生活。

第一，學問的生活。這一年以來，最可使人樂觀的一種好現象，就是許多學生於知識、學問的興趣漸漸增加了。新出的出版物的銷數增加，可以估量學生求知識的興趣增加。我們希望現在的學生充分發展這點新發生的興趣，注重學問的生活。要知道社會、國家的大問題決不是沒有學問的人能解決的。我們說的"學問的生活"並不限於從前的背書、鈔講義的生活。我們希望學生——無論中學、大學——都能注重下列的幾項細目。

（1）注重外國文。現在中文的出版物實在不夠滿足我們求知識的欲望，求新知識的門徑在於外國文。每個學生至少須要能用一種外國語看書。學外國語須要經過查生字、記生字的第一難關。千萬不要怕難。若是學堂裏的外國文教員確是不好，千萬不要讓他敷衍你們，不妨趕跑他。

（2）注重觀察事實與調查事實。這是科學訓練的第一步，要求學校裏用實驗來教授科學。自己去採集標本，自己去觀察、調查。觀察、調查須要有個目的——例如本地的人口、風俗、出產、植物、鴉片煙館等項的調查——還要注重團體的互助，分功合作，做成有系統的報告。現在的學生天天談"二十一條"，究竟"二十一條"是什麼東西，有幾個人說得出嗎？天天談"高徐濟順"，究竟有幾個指得出這條路在什麼地方嗎？這種不注重事實的習慣，是不可不打破的。打破這種習慣的唯一法子，就是養成觀察、調查的習慣。

（3）建設的促進學校的改良。現在的學校課程和教員一定有許多不能滿足學生求學的欲望的。我們希望學生不要專做破壞的攻擊，須要用建設的精神，促進學校的改良。與其提倡考試的廢止，不如提倡考試的改良；與其攻擊校長不多買博物標本，不如提倡學生自己採集標本。這種建設的促進，比教育部和教育廳的命令的功效大得多咧。

（4）注重自修。灌進去的知識、學問是沒有多大用處的。真正可靠的學問都是從自修得來。自修的能力是求學問的唯一條件。不養成自修的能力，決不能求學問。自修應注重的事是：①看書的能力，②要求學校購備參考書報，如大字典、詞典、重要的大部書之類，③結合同學多買書報，交換閱看，④要求教員指導自修的門徑和自修的方法。

第二，團體的生活。五四運動以來，總算增加了許多學生的團體生活的經驗。但是現在的學生團體有兩大缺點：（1）是內容太偏枯了；（2）是組織太不完備了。內容偏枯的補救，應注意各方面的"俱分並進"。

①學術的團體生活，如學術研究會或講演會之類。應該注重自動的調查、報告、試驗、講演。

②體育的團體生活，如足球、運動會、童子軍、野外幕居、假期游行等等。

③遊藝的團體生活，如音樂、圖畫、戲劇等等。

④社交的團體生活，如同學茶話會、家人懇親會、師生懇親會、同鄉會等等。

⑤組織的團體生活，如本校學生會、自治會、各校聯合會、學

生聯合總會之類。

要補救組織的不完備，應注重世界通行的議會法規（Parliamentary Law）的重要條件。簡單說來，至少須有下列的幾個條件：

①法定開會人數。這是防弊的要件。

②動議的手續，與修正議案的手續。這是會議法規裏最繁難又最重要的一項。

③發言的順序。這是維持秩序的要件。

④表決的方法。a. 須規定某種議案必須全體幾分之幾的可決，某種必須到會人數幾分之幾的可決，某種僅須過半數的可決。b. 須規定某種重要議案必須用無記名投票，某種必須用有記名投票，某種可用舉手的表決。

⑤凡是代表制的聯合會——無論校內校外——皆須有複決制（referendum）。遇重大的案件，代表會議的議決案必須再經過會員的總投票；總會的議決案必須再經過各分會的複決。

⑥議案提出後，應有規定的討論時間，並須限制每人發言的時間與次數。

現在許多學生會的章程只注重職員的分配，卻不注重這些最緊要的條件，這是學生團體失敗的一個大原因。

此外還須注意團體生活最不可少的兩種精神：

①容納反對黨的意見。現在學生會議的會場上，對於不肯迎合羣眾心理的言論，往往有許多威壓的表示，這是暴民專制，不是民治精神。民治主義的第一個條件就是要使各方面的意見都可自由發表。

②人人要負責任。天下有許多事都是不肯負責任的"好人"弄壞的。好人坐在家裏歎氣，壞人在議場上做戲，天下事所以敗壞了。

不肯出頭負責任的人，便是團體的罪人，便不配做民治國家的國民。民治主義的第二個條件是人人要負責任，要尊重自己的主張，要用正當的方法來傳播自己的主張。

第三，社會服務的生活。學生運動是學生對於社會、國家的利害發生興趣的表示，所以各處都有平民夜學、平民講演的發起。我們希望今後的學生繼續推廣這種社會服務的事業。這種事業，一來是救國的根本辦法，二來是學生的能力做得到的，三來可以發展學生自己的學問與才幹，四來可以訓練學生待人接物的經驗。我們希望學生注意以下各點：

（1）平民夜校。注重本地的需要，介紹衛生的常識、職業的常識，和公民的常識。

（2）通俗講演。現在那些"同胞快醒，國要亡了""殺賣國賊""愛國是人生的義務"等等空話的講演，是不能持久的，說了兩三遍就沒有了。我們希望學生注重科學常識的講演、改良風俗的講演、破除迷信的講演。譬如你今天演說"下雨"，你不能不先研究雨是怎樣來的，何以從天上下來；聽的人也可以因此知道雨不是龍王、菩薩灑下來的，也可以知道雨不是道士、和尚求得下來的。又如你明天演說"種田何以須用石灰作肥料"，你就不能不研究石灰的化學，聽的人也可以因此知道肥料的道理。這種講演，不但於人有益，於自己也極有益。

（3）破除迷信的事業。我們希望學生不但用科學的道理來解釋本地的種種迷信，並且還要行破除迷信的事業。如求神合婚、求仙方、放燄口、風水等等迷信，都該破除。學生不來破除迷信，迷信是永遠不會破除的。

（4）改良風俗的事業。我們希望學生用力去做改良風俗的事業。

譬如女子纏足的，現在各處多有。學生應該組織天足會，相戒不娶小腳的女子。不能解放你的姊妹的小腳，你就不配談"女子解放"。又如鴉片煙與嗎啡，現在各處仍舊很銷行。學生應該組織調查隊、偵探隊，或報告官府，或自動的搗毀煙間與嗎啡店。你不能干涉你村上的鴉片、嗎啡，你也不配干預國家的大事。

以上說的是我們對於學生的希望。

學生運動已發生了，是青年一種活動力的表現，是一種好現像，決不能壓下去的，也決不可把他壓下去的。我們對於辦教育的人的忠告是："不要夢想壓制學生運動；學潮的救濟只有一個法子，就是引導學生向有益、有用的路上去活動。"

學生運動現在四面都受攻擊，"五四"的後援也沒有了，"六三"的後援也沒有了。我們對於學生的忠告是："單靠用罷課作武器是下下策，可一而再、再而三的麼？學生運動如果要想保存'五四'和'六三'的榮譽，只有一個法子，就是改變活動的方向，把'五四'和'六三'的精神用到學校內外有益、有用的學生活動上去。"

我們講的話，是很直率，但這都是我們的老實話。

（九年五月，《新教育》）

社會運動與教育

舊曆元旦無事，我忽然想到天津學生的慘劇。於是聯想到我於一月十八日，對他們的演說。那天到的男女青年很多，他們滿堂活潑潑的笑容，猶在我心目中。我覺得很有一種感觸，就握了筆，把當時的演說寫出來，作一個紀念。

九年二月二十日

文化運動有兩方面：（1）是傳佈學術和思想，但學術思想，是限於知識階級的，是局部的。（2）是社會運動的教育，這是提高社會程度的方法，對於受不到普通教育的平民，給他們一種教育。

現在我們大家稱贊歐美的普及教育，我們都知道歐美社會進化，是從普及教育裏來的。但我們研究西洋教育史，知道這教育普及，是從社會運動的教育裏面化生出來的。

當十八世紀的時候，英國教育狀況，也和中國差不多。那個時候，英國工業、礦業，尚未發達，工價低賤；全國六分之一的人民是做勞力的，穿破衣，住茅屋，蠢如鹿豕。有了幾個普通學校，多被政治、宗教上的變動摧殘了。所以苦百姓的兒女完全沒有受教育的機會，這班平民完全不知道教育的價值。於是慈善家捐了錢，來開學校。十年之中，倫頓十里路內，開了八十八個學校，男女學生有了三千多人。又是十年，英國全國，有慈善學校一千二百所，學生男女有了二萬七千人。後來逐漸增加，學校之數，有了二千所，學生男女五萬人。課程是識字、宗教、道德、算術、清潔等科。這慈善團體的主持人是教會。他們組織了一個會，叫做宗教知識傳佈會。他們的宗旨，原來是傳佈宗教；但做一個好人，須有一種知識，所以同時也授識字、算術等課。這種帶宗教氣味太盛的學校，後來漸漸變了無生氣的，所以另外有一個團體起來，叫做全國貧民教育促進會。他們所辦的學校，課程雖也不十分適當，但是因此打定了普及教育的基礎。可見現在普及教育，是由貧民學校產出來的。因為政府和人民，見了教育有些益處，大家想到普及教育的有用處。幾千個慈善學校，有這樣好處，若是全國辦普及教育，他的益處，不更大麼？我們現在講教育普及的人，要謝謝當時的慈善團體。

這種慈善學校，美國後來也仿辦。美國普及教育的基礎，就是這種學校。法國見了英國的辦法，也來仿行。十八世紀的下半，可算是慈善學校發生的時代。

慈善教育的結果，是增進勞動階級的知識、引起普及教育的意義、社會運動的教育中最要緊的一件事。

以上所說的，是社會運動的教育之歷史。十九世紀歐美的社會進步，靠這種教育的力不少。以美國而論，現在教育終算是普及了，但美國人還是注意社會運動的教育——改良社會非正式的教育。——美國紐約城，人民有了五百萬，貧苦的百姓，自然很多；貧家的小孩子，雖受了小學教育，但十四歲就離學校了，他們的知識有限的；還有歐洲來的工人——從社會不十分進化的如意大利、希臘、俄羅斯等國來的移民——多數不但不識字，而且講不來英語，所以紐約慈善團體，和市政府，在貧苦區域內設立夜學，教育他們。還有大學之中，設立夜班，使一般平民可以聽講。

美國多數的大學，有校外教育，在城市中設學，講演時事，和商業上應用的知識和技能。農科大學，備有火車，陳設演講材料，如圖畫、標本、農事化學試驗種種，到鄉間演講農事知識，如農民衛生等科。醫科大學設衛生陳列所，以便一般人民參觀，傳布衛生知識於社會。

講起這社會運動的教育問題，頭緒覺得很紛繁，有許多是應該由慈善團體辦的，有許多是應該由政府辦的，還有許多應該由高等以上學校辦的。我今日單講置身文化運動的學生，可以做應該做的事。

中國實業不發達，工價低賤，平民的子弟，實在沒處受教育，還有那年長失學的人，沒有機會入正式的學校受教育；現在做學生的，可以給他們想個法兒。

我想有三個具體的辦法，可以供諸君參考：

（1）借學校裏的校舍，來開夜班。學校校舍，晚間用處不多，把他空在那兒，豈不是不經濟麼？學生可以把不用的課堂借來，辦個平民夜學。如北京大學，學生會辦了一個平民夜學，就在第二院的課堂作講堂，現在學生有五百多人，男女都有；最幼的是七歲，最大的也有三十多歲的。教員就是大學學生，教科書由大學學生捐錢買的。這不過舉一個例，其餘學堂開辦夜校的，也有好幾處。

（2）學生合商界合辦。由商鋪子捐錢，出房租、器具、油火、書籍等費。房子不妨簡陋，空氣流通就是了。器具如桌椅等件，亦不妨簡單，適用就是了。所費無幾，開辦費一百元，每月費用十餘元，就可辦能容二三十人的一個夜校。如有公共地方，如祠堂、廟宇可借最好。學生，每人每晚授課一小時，兩個人就可以辦一個夜校。

（3）開游藝會籌款，充房租、器具、油火、書籍等費（我寫這篇文的時候，聽說北平的醫學專門學校學生，正在開醫學展覽會，為平民夜校籌款，入場券每張售銅元二十枚）。

（4）組織社會進化促進團。集三個同志，就可組織一團，共同辦一個夜校，輪流教授。三人中每人須勸三個朋友另組一團，就另生了三團。三團生九團，九團生二十七團。以此類推，推廣很速。不久就布滿全國。

我們要講文化運動，縱橫兩方面須並進。傳布學術思想，是為一般知識階級的人增進學識，這是縱的。社會運動的教育，是為一般平民得一種應用的知識，這是橫的。縱的一方面，是提高；橫的一方面，求普及。提高與普及，都是社會進化不可少的事。若要實行德謨克拉西，要從社會運動的教育着手。沒有這種教育，文化運動就漸漸兒會變成紙上運動。卽使不變成紙上運動，就會養成知識階級一部份的勢力，平民得不着好處。

社會的進化，不是少數知識階級的人，能够做到的；要老百姓大家進步，方才能做到。一個社會裏邊，少數的人，天天講文化；多數的人，不知道地球是方的或是圓的；一個社會裏有了兩個世界，彼此不通聲氣，社會怎樣能進化！

從十八世紀起，社會的進化，是從下層動起來的。下層的平民動了，上層的貴族就站不住。譬如一座屋子，基礎動了，上面的樑柱壁瓦都紛紛倒下來。知識階級的人呀，你們作了社會的上層，將來下層的苦百姓都動起來，你們就站不住腳。

俄國貴族和知識階級的人，都很有學問。但普通百姓，差不多都沒有受過教育的。這班普通百姓，現在都動起來了。貴族和知識階級的人，都被他們推翻。所以現在俄國的變動，眞是百姓全體的變動；中國的變動，還是限於知識階級一部分。四萬萬人民中，有三萬九千萬還不知道有什麼一回事；其餘一千萬中，有固執不化的，有關了門不管閑事的，有若知若不知的，有一味盲從的。現在全國學校的學生，據教育部報告，計四百二十九萬人，内中等以上學校的學生約計五十萬人。此五十萬大、專、中三種學校的學生，實為文化運動的中心。以全國人口數比較起來，八百人中只有一人。照此看來，一個學生，負了教育八百人的責任，這是辦不到的。我但願一個學生負教育十五個人的責任；全國人民中，就有七百五十萬人受益處，豈不是一件好事？

歐美先進諸國，百人中有二十五人在學校裏求學；我國百人中只有一人。以國中不識字的人而論，英、美、德、法四國中，最多是英，百人中計十三人半；最少是德，一百人中計三人（均以入伍者計算）；美百人中計七人又小數七（以十歲以上人口統計）；法百人中計三人半（以入伍者計算，若以十歲以上人口計算，百人中當得十四人又小數一）。

其餘進化較遲的國，如奧國百人中不識字的人數計二十六人有奇。意大利百人中計四十八人有奇。俄羅斯百人中計七十人。葡萄牙百人中計七十三人有奇。亞洲俄羅斯百人中計八十七人有奇。印度百人中計九十二人又小數五。埃及百人中計九十二人又小數七。（以上均以十歲以上人口計算）中國不識字的人數，百人中有幾人，既無表冊可據，無從推算。查印度三年前（一九一七年）教育報告，全國有學生七百八十萬人，以印度人口二萬四千四百萬計算，百人中在學者計三人有奇；而中國在學人數，百人中只占一人。照此看來，中國教育之推行，其廣還不及印度。吾國識字的人，雖不必盡從學校裏來的，但可見教育不普徧的一斑了。

　　我們推度起來，中國不識字的人數，大概在俄國和印度之間（中國不識字的人，想比印度為少，因以前科舉的影響，現在的私塾，都是我國教育的特殊情形。據南京高等師範陶知行君調查南京私塾學生數，實比公學學生數為多。故以教育部報告來定中國在學學生數，有些靠不住），百人中大概有八十人至九十人不識字。不識字的人這樣多，社會進化，從什麼地方發出呢？

　　我們現在就算我國百人中有十五人識字；這十五人中，能夠識字，不能看文的算他有五之四；能夠看文而不能寫文的又算其餘的三之二；這樣看來，能够看文的人，百人中不過二人，全國不過八百萬人（此以白話文而論，若以文言為準，尚不及此數）。這八百萬人中，有多少喜讀新出版物的人呢？現在全國講新文化的出版物，約有四百多種；每種平均銷一千份，計有四十萬份。每份讀的算他是三人，計一百二十萬人。八百萬能讀文的人，只有一百二十萬人，受着文化運動的影響。若以能讀文的人數計算，百人之中只有十五人。若以全國人口計算，千人之中只有三人。所以從全國人口數計算起來，這傳佈學術思想的勢力，還覺得太小。我們大家可以不注意社會運動的教育麼？

（九年二月，《新教育》）

學風與提高學術

我們辦教育的人，近來眞覺得日暮途窮了。從前我們以為政治不良，要從教育上用功夫，養成人材，去改良政治。近年以來，政治愈趨愈紛亂，教育界經濟上和心理上，都因此受莫大打擊，不但經濟破產，精神上破產的徵象，已漸漸暴露了。於是數年前"只講教育，不談政治"的迷信，漸漸兒打破。

學生藉羣衆的勢力，去干涉政治——如燒房子、圍省議會、開國民大會等等——教員批評政治，或發通電對於政治有所主張。此種舉動，於實際政治問題，不無小小的影響，但對於政治基本問題，還搔不着癢。若以學校本身而論，因此反惹起外患和內亂。我們辦教育的人，更覺苦於應付。

現在教育界正處於剛才所講的困難地位中。學校之中，人心惶惶。數年前勇往直前的精神，為沉悶不堪的空氣所包圍，好像一輪紅日，為黑沉沉的雲霧所圍繞，弄得一點不通光了。

教育界這三年來，所用於自衛或攻擊的武器，只有一件，就是罷課。但這件武器，一用再用，再而三，三而四，已破爛不堪，不能再用了。殺人不下，近來竟用以自戕了。武器破爛，教育自衛之道，從此窮矣。

自衛之道既窮，於是沉悶之氣，日甚一日。近來又發現了一件很困難的事，卽是"學風"問題。

什麼叫"學風"呢？一個學校裏，教員、學生，共同抱一種信仰，大家向那所信仰的方面走。前淸時代，這個"學風"就是歐化。一個學校裏，能多請幾位外國人，或多請幾位洋文優長的教員，多造幾座洋房，大家就高興的了不得。自民國六七年間至九年，大家所抱的信仰，就是"文化運動"。那個時候，講起"文化運動"，大家都抱無窮的希望。現在又漸漸兒消滅了，那裏還能以"文化運動"四個字來喚起精神？究竟我們共同的精神在那裏？這個問題，實在無人能作一個正確的答復。

現在我們所能勉強提出的一個辦法，就是"提高學術"。但這辦法，實行很不容易。一來是提高學術，不是短促時期內所能辦得到的。二來是不能馬上用來出風頭。三來是要在圖書館、試驗室裏用苦功，那裏能耐煩呢！所以要把"提高學術"來喚醒精神，養成一個學術化的學風，談何容易。

況且學術兩字，是太抽象了。那一種學課，不是學術，要提高那一種？說"提高學術"，好像說"要做好人"。好人是人人願意做的，不過要怎麼樣做，便成"好人"？就是一個困難的答案了。又好人的種數正多呢，要做那一種好人？這又是一個困難的答案。學術也如此。提高學術，人人所歡迎的。怎麼樣提高？要提高那一種？普通的談提高，是喚不起精神來的。學術在一個時代內，有比較的價值。非提出一種學術來，作一個普徧的運動，喚起多數的興會，怪悶的在圖書館中坐不住的。如十九世紀初，德國大學之人文主義運動，當時哲學、文學、教育學說，都受他的影響。十九世紀中英國之科學運動，因此生產了社會科學。

我們應該把什麼學術，來做教育界共同的大運動？我們尚找不着。所以大家沉悶。

以前的舊書院，倒有一種學風。雖因時勢變遷，舊書院都死了；但現在的學校，竟像一種不中不西的雜貨店，那裏還有學風呢！

現在不中不西的學校，好像市上所賣的新式西洋椅，既無洋椅之舒服，又無舊式太師椅之美觀和堅固。畫虎類犬，我們還說在這種學校裏培植人材。

唉！為什麼高談闊論！我們那一種殘缺不全的學校，今年還過不了年。經費沒有了。沒有經費，那有設備？學生那有書看？教員那有機會增進自己的學問？說什麼提高學術！

政治腐敗，我們那裏能不談政治；既談政治，教育界那裏能不遭政客的摧殘、仇視、利用。卽退一步，我們可不談政治，然而那裏能不主張公道？主張公道，那不公道的一班人，就與我們搗亂。

這種搗亂，也不要緊，不過多加一層麻煩罷了。到底我們本身問題，還在提高學術上用功夫。提高學術，第一要工具，第二要人材。人材就是專門學術上之導師，工具就是學校的設備——如圖書、儀器等——學校無適當的設備，先生口授，學生耳聽，限學術於口耳之間，那裏配說是學術。

設備要有經費去辦，學術上的導師要有經費去養他，沒經費怎麼辦得動。設備不完，人材不夠，那裏配講學術。

（十一年十二月二日，北京《晨報副刊》，

原題"晨報四週紀念日之感想"）

教育與職業

　　教育，一方法也。以此方法而解決國家、社會、個人、職業種種之問題者也。教育而不能解決問題，則是教育之失敗也。故必先有問題而後有教育。無問題而言教育，則鑿空而已矣。國家有問題，故有國家教育。社會有問題，故有社會教育。個人有問題，故有個人教育。職業有問題，故有職業教育。教育為方法，國家為問題，則曰國家教育。教育為方法，社會、個人為問題，則曰社會教育、曰個人教育。教育為方法，職業為問題，則曰職業教育。

　　故職業教育無他，提出職業上種種問題，而以教育為解決之方法而已。

　　職業之界說——職業，英文曰"vocation"，言操一技之長，而藉以求適當之生活也。例如製鞋，技也；以製鞋而求生活，則此製鞋即職業也。製機器，技也；以製機器而求生活，則此製機器即職業也。植菓木，技也；以植菓木而求生活，則此植菓木即職業也。能簿記，技也；以簿記而求生活，則此能簿記即職業也。洗衣，技也；以洗衣而求生活，則此洗衣即職業也。製機器，工之一也，聚類此者而概言之曰工業。植菓木，農之一也，聚類此者而概言之曰農業。簿記，商之一也，聚類此者而概言之曰商業。洗衣，家政之一也，聚此類而概言之曰家政。農、工、商、家政四者，職業中之四大類，歐美各國所公認者也（按法國尚有航業一類）。凡職業中所發生種種問題，不外乎此四大類。故言職業教育，有（1）農業教育、（2）工業教育、（3）商業教育、（4）家政教育之分。

高等專門與職業——凡卒業於大學而得一技之長，藉以求適當之生活者，曰高等專門，英文曰"profession"，本亦職業之一部分。然近今所謂職業教育者，中等程度以下為限，大學不與焉。

學校與職業——學校為推行教育之機關，故即為間接解決國家、社會、個人、職業及種種問題之機關。學校非專為職業而設，舉學校而盡講職業教育，則偏矣。職業教育為二十世紀工業社會之一問題，吾國青年之立身，國家之致富，多是賴焉。舉學校而盡排除職業教育，則偏矣。吾輩今日所欲研究之問題，非謂因提倡職業教育，將取文化教育（cultural education）而代之也。不過以文化教育，有不能解決之問題，提倡職業教育，希有以解決之耳。若社會無職業之必要，青年受文化教育而即有謀生之能力，則所謂職業教育者，特贅疣耳。又何提倡之足云？

學校，一中心點也。社會所呈之種種問題，環而拱之，咸欲入其門牆，以求解決之方。為彼學校者，處今日複雜之社會，而遇種種不解之問題，其困難之狀況，概可想見。然不能以學校已處困難之地位，而置重要問題於不顧。

文化教育與職業教育——今之重文化教育者，曰文化教育，立國、做人之基礎也。斯言也，吾人亦絕對贊成之。何也？蓋文化者，所以增人生之價值，促人類之進步；人類之文野，胥由是而別焉。然以今日社會狀況而論，受四年初等小學教育後，能入高等小學者，有幾人乎？高等小學卒業後，能入中學者，有幾人乎？中學卒業後，能入大學者，又有幾人乎？夫由初小高小、由中學而直達大學卒業之學生，其大多數固能養成高等專門之學，然其餘之不能由下級而達上級者，皆無一技之長，以謀獨立之生計；此種學生，聽其自然乎？抑將設法以補救之乎？如曰聽其自然，則學校者，徒為社會養成高等之游民耳，抑何貴乎教育？如曰補救之，舍職業教育其奚由耶？

（七年十二月，《東方雜誌》）

第四編　人生哲學與道德教育

杜威之人生哲學

我們生在這個世界，逃不了和人相交。人和人相交，便成社會。我們講到人生哲學，就要講和人相交的道理。聚許多個人，結合成一個社會。這社會的問題，是十分複雜。所以我們和人相交的景況，也是十分複雜。我們要在這個複雜社會中，求一個較為簡單的法兒，提綱絜領，把頭緒整理清楚，以便我們做人應用。我們講人生哲學，就是為這個道理。人生哲學既是講在社會做人的法兒，就要和社會的趨勢相合，所以人生哲學要跟着社會的進化走。照此看來，人生哲學是進化的，不是固執不動的。

人生哲學既是進化的，我們就知道講人生哲學的人，一定有來歷的，不是憑空構造的，不過照着社會情形，把他改良。要把他改良，必須先要把從前所有的學說研究分析。有了見地，就下斷語來。

所以我們要講杜威的人生哲學，先要把杜威以前的西洋人生哲學，略略研究。然後方知道杜威在西洋人生哲學界的位置，以及杜威對於人生哲學的主張。歐洲近世的人生哲學，照杜威看來，可分兩種學說，一是“動機”學說，一是“結果”學說。主動機說的說道：我們判斷善惡，不是從行為的結果為定斷，是從動機善良處下斷語。只要動機善良，我們就稱是善。其能否有好結果，是別一問題。這種主張，和董仲舒的“正其義，不謀其利，明其道，不計其功”相似。主結果說的說道：我們判斷善惡，若從動機上說起，他的動機，我們實在捉摸不到。若從他的行為上觀察，我們就可以知道他所行的是善或是惡。主動機說的說道：善是內的。善是德性，德性是內的。主結果說的說道：善是外的。行善是一種經驗，經驗是外的。

康德是主動機說的代表，他說道：

在這世界內，除好意（good will）以外，沒有可稱無條件的善。智慧、機決、膽量、忍耐等雖很有用處，若無好意，這種天然的能力，就變了很危險的東西。……感情有節、自制功夫、慎重週密等，雖是很好，若無好意，就會變成極惡的。盜賊有忍耐功夫，反成一種更危險更可惡的人。（Kant: Theory of Ethics, tr. by Abbot, pp. 9–10, 見 *Dewey and Tuft's Ethics*，p. 241）

康德說這一番話，就是說我們若動機不好，種種才能、美質，都會變作惡的利器。動機如同培養種子；這種子好，方才能獲好菓，這種子不好，將來所獲的菓也不好。

但康德所注重的，並不是在將來能不能獲好菓。他所注重的，只在這個好種子。他說道：

一個好意是好的，並不是因為從行為或效果上看，亦不是因為容易得到預期的好結果，這個好意是出於志願的，自己是好的。……如懷了好意，因為時機不好，雖竭盡心力，不能將這個好意發現於實際上，單單剩了一個好意（這個好意非但有一個空願而且極力去做）；這好意好像一粒寶石似的，在那邊自己發光，完全的價值，在他自己裏邊。有結果呢，不能增他絲毫的價值，無結果呢，也不能損他絲毫的價值。（Ibid., p. 16，見 *Dewey and Tuft's Ethics*，p. 243）

康德的學說，和我們中國比較，是很有相同的地方。董仲舒的話，我們前已講過。他如曾滌生說"種瓜得瓜，種荳得荳。但問耕耘，不問收穫"，亦是這個道理。大學的正心誠意，宋儒的存心養性，都是要這個心，沒有一毫私慾在裏邊，就是康德的存"好意"。與這個主張相反的一種學說，我們教他"結果"學說。我們可以講他的大概。

主結果說的代表，是英國功利主義一派（Utilitarian）。聽他們講什麼話。

邊沁說道：

動機（motives）有善惡，都是從他的結果立論。得快樂的，或能免苦痛的結果，就是善動機。同一動機，有生出善的動作，有生出惡的動作，有生出無善無惡的動作。

邊沁用下文的比喻說明這個道理：

（1）一個童子，因為要解悶，拿一本興奮的書來讀。這個動機是很好的，無論如何，終不是壞的。（2）他把地黃牛（玩具名 top）扯動，在地上旋轉。這個動機也不是壞的。（3）他將一頭狂牛，放在人羣中亂奔。他的動機，我們就叫他壞極了。然而做這三件事情的用意，或只是一個的：不過同是一個好玩罷了。別無他意。（Bentham：Principles of Morals and Legislation, Ch. X., Section 3 見 *Dewey and Tuft's Ethics*, p. 248）

斯賓塞說道：

倘若摸人錢袋裏的錢，使被摸的人的前程發生光明，使他覺得有一種愉快的感情，我們還叫偷是罪麼？（Quoted in *Dewey and Tuft's Ethics*, p. 234）

這"結果"學說，很像莊子的學說。莊子道：

臧與穀牧羊而共失其羊。問臧奚事，曰：讀書。問穀奚事，曰：博弈。

　　這兩個人中，一個是博弈，人稱他的動機是不好的，他失了他的羊。一個是讀書，人稱他的動機是好的，但他也失了他的羊。讀書和博弈，兩件相反的事，其結果同是一個失了羊。

　　莊子的道德論，以對於社會適合不適合為前提，就是對於社會有沒有好結果，定道德的價值。他說道：

　　水行無若用舟，陸行無若用車，以舟之可行於水也，而推之於陸，則沒世而不行尋常。古今非水陸耶？周魯非舟車耶？今蘄行周於魯，猶推舟於陸，勞而無功，必及於殃。夫禮儀法度，應時而變者也。今取猨狙而衣以周公之服，彼必齕齧挽裂，盡去而後慊……

　　莊子的本意，以為聖人倡不適用於社會的仁義以治天下，天下反亂，故從結果上看來，聖人與盜跖同是亂天下的一種人。同是失了羊！

　　莊子和邊沁、斯賓塞的說法雖不同，都是欲講明重結果的理由。莊子的意思，仁義和不仁義，他不管，凡亂天下的都是不好。邊沁和斯賓塞的意思，用意好不好他們不管，凡有害於社會的都是不好。

　　我們把上說的兩種反對的主義看起來，那“動機”派是注重發念一方面，那“結果”派是注重行為一方面。那“動機”派對於用意很仔細，那“結果”派對於行動很留心。

　　我們到這地方，就可以問杜威的見解如何。

　　杜威的意思，以為康德一番話，雖是有道理，卻是說了一半。康德不是說盜賊有忍耐功夫，反成功一種更危險、更可惡的人麼？因為更危險，所以稱他更可惡，惡他什麼？惡他有危險，這不是暗暗兒便含了以結果定用意的價值一種意思麼？（*Dowey and Tuft's Ethics*, Note I, p. 254）

　　杜威對於“結果”說的意見以為人的善惡，雖然不能全以結果為斷，但有了善念，沒有結果，也不能稱完全的善。無善念得好結果，也不過一件偶然、僥倖的事。

從前後兩說看來，他說道：

照我們普通的經驗看來，在某種狀況之下，兩種學說都是不差的，兩方面都可以同樣講得通。其中似因誤解而生爭端。兩方面共同的錯誤，是在兩方面都把一個單純和完全的自動的動作（voluntary act）分作兩段。這一方面叫他是內的（inner），那一方面叫他是外的（outer）。這一方面叫他是用意（motive），那一方面叫他是結果（end），實在只是一件事。一個自動的動作，是行為的人（agent）的一種態度（disposition）（或習慣），發現於一種顯而易見的動作上，成一種結果。徒有動機，不發現於事實上，不管他成功不成功，這不是一種真動機，就不是一個自動的動作。從他方面看來，無動機的結果，不是自己要的，不是自己選擇的，也不是自己用力得來的，這和自動的動作完全沒有關係。內和外分，外和內離，就沒有自動（或道德）的性質了。內和外分，就成幻想。外和內離，便是僥倖。（Ibid., pp. 237-238）

他又說道：

……我們知道動機在一種完全的自動的動作裏面的位置，好像一種自動機的能力；一旦發動起來，若非為外來的一種大勢力阻住，一定有一種結果。我們也知道自動的行為中，有了這種結果，方纔引起我們為善的興味，使我們用力把他做到。我們可任便分析自動的動作，無論從那一端下手，我們若要完全分析起來，終免不了從這端達彼端。我們把一個動作分內外，實在只有時期先後的分別，沒有內外的分別。（Ibid., pp. 238-239）

照杜威這兩段文章看來，他所注重的有兩點，一點是道德是自動的動作不是被動的。自動的動作，和道德是一件東西。不是自動的動作就不是道德。為善要出於自己的意思，這自己的意思若是真切的，若不為外來的大力阻止，便發現於動作上，成一種結果。第二點，這自動的動作，無內外之分，有先後之別。先一段就是"動機"派的說話，後一段就是"結果"派的說話。先一段是動機，後一段是結果。杜威這番話，好像是王陽明講的。

王陽明說道：

知者行之始，行者知之成。聖學只有一個工夫，知行不可分作兩事。(《傳習錄》第二十六節)

他又說道：

……行之明覺精察處便是知，知之真切篤實處便是行。若行而不能精察明覺，便是冥行……所以必須設個知，知而不能真切篤實，便是妄想……。(《答友人問》)

陽明說的知與行，就是杜威說的用意與動作。他說的始與成，就是杜威說的先與後。陽明又說："學無內外，講習討論未嘗非內也。反觀內省，未嘗遺其外也。"(《答羅整菴書》) 就是杜威說的沒有內外之分。陽明說的"若行而不能精明察覺，便是冥行"，就是杜威說的"外和內離，便是僥倖"。陽明的"知而不能真切篤實，就是妄想"，和杜威的"內和外分，就是幻想"，是同一個意思。簡單說一句，陽明和杜威同是主張知行合一派。

我講到這裏，讀者請勿誤會陽明和杜威的學說都是一樣的。他們不同的地方很多。如陽明信良知是一種特別的機能，只有這良知能知善知惡。杜威就不信這個主張。他說："我們要曉得道德不是武斷的，也不是形而上的。這'道德'一個名稱，不是指着人生的一特別區域，也不是特別一段生活。"(Dewey: *Ethical Principles Underlying Education*, p. 32) 陽明信良知是一粒百寶靈丹。近世哲學家沒有一個信一種學說可成一種萬應如意油、百病消散丸的。我們講中外比較學的，這種地方很要留心。因為很容易惹起誤會。黃黎洲因見西洋人的算學和中國有點相像，就說他們由中國偷去的，他就把"天子失官，學流四夷"為證據。豈不是大錯麼？

　　閒話少講，再讓我們講人生哲學問題。陽明的知行合一說，是從心理一方面着想，社會一方面是很少往意。杜威講人生哲學，是從兩方面看。一方面是心理，一方面是社會。他說社會一方面的人生哲學是定價值的，心理一方面的人生哲學是講推行法的。故心理一方面是方法（how），社會一方面是實質（what）。這方法與實質，並非是兩件事，我們不可把他分離。心理學是講各人的動作，個人與社會不能分離，故講心理也逃不了社會。社會是個人積聚而成的社會，個人是社會的個人。（Dewey：*Ethical Principles Underlying Education*，p.9）

　　方法（how）是講行為的法兒，手續、程序。實質（what）是講行為的結果、成績。故從心理方面看人生哲學，我們是講個人對於道德什麼做工夫。從社會一方面看人生哲學，是講個人對於道德什麼定價值，什麼是叫做道德。個人是社會的一分子，離了社會是講不來道德的（Ibid.，p.9）。

　　杜威對於人生哲學的位置和主張，講到這兒，大家都已明白。簡而言之，他說道德是一個，沒有兩個，不能分作兩事，只好言先後的程序。動機是始，結果是終。存心是心理的，結果是社會的。心理的是方法，社會的是實質。杜威的人生哲學，我們已約略講明白，我們此後可以講他的道德教育。

　　　　　　　　　　　　　　　（八年四月，《新教育》）

杜威之道德教育

　　杜威把他的人生哲學為本，講道德教育。他說學校對於社會的責任，好像工廠對於社會的責任。譬如一家織布廠製造布匹，要先考查社會之需要。知道社會的需要後，照這樣需要去造各種樣兒的布。布廠不能造社會不需要的布。至於什麼樣造法是最經濟，要布廠裏人自己設法講求。學校教學生，亦要先考察社會的需要。知道了這個需要，然後教他們。至於什麼教法是最經濟、最有功效，要學校裏的人自己設法研究。

　　察社會的需求，就是社會方面的人生哲學，是實質的。研究什麼教法是最經濟、最有功效，就是心理方面的人生哲學，是方法的。

　　杜威最不信道德是可以和他課分離教授的，他說：“‘道德’一個名稱，不是指着人生的一個特別區域，也不是特別一段生活。”（見前）照他的眼光看來，各種功課，都有道德的價值，都是道德教育（不能設那什麼叫做道德一科，在紙上談兵）。他舉了幾個例：

　　手工——教授，不是專教手工，也不是但增進知識，教了得當，能養羣性的習慣，是很有社會的價值的（杜威把道德和社會聯合在一塊兒，照他的意思，講道德離不了社會，講社會的幸福就是講道德。他說社會的價值，就是道德的意思）。從康德至今，大家都知道藝術的利益，是要社會公共受享，不是個人所可私的。養成羣性的習慣，就是道德教育。

地理——是能使學生知道物質和人羣很有關係，如兩種民族，如何為物質環境所分離，以及河流、道路如何能使各民族交通。湖、山、河、平原種種，表面看來，是物質的，究竟的意義，實在是人羣的。我們大家知道，這是和人類發達和交通，很有關係的。（Ibid., p. 21）

歷史——的道德價值，是講明社會的來歷，使學生對於社會種種形態、動作，都知道意義。社會如何發達、如何衰落，都可從歷史上講明白。（Ibid., pp. 23–24）其餘如文字為社會思想交通的利器，算術為比較社會各種事業好歹的利器，只要教師有眼光，那一課不是道德教育呢？

杜威又十分反對學校中教授沒有理由的遺傳道德。他說："格言（moralrules）（遺傳道德）往往成一種和人生沒有關係的東西，變成一種律令，要人順從他。這樣就把道德的中心，移出人生的外邊。凡重文字、輕精神，重命令、輕自動的道德，好像用外面的壓力，把人裏面活潑潑的精神壓住了。"（Dewey and Tuft：*Ethics*, pp. 328–329）他又說："命令式的遺傳道德，不過是一種過去社會的習慣，是過去的經濟和政治的景況所造成的。"（Ibid., p. 331）

杜威的意思，以為現今社會的罪惡，並不是因為個人不知道德的意義，也不是因為個人不知道德上的普通名詞（如誠實、耐苦、貞操等），其實在原因，是個人不知社會的意義。因為現今社會是十分複雜；若非受正當教育的人，那裏知道人生的真意，使他的動作、行為，都合社會的要求呢？多數的人，或被遺傳道德壓倒，或為一時感情所犧牲，或為一階級的人所欺騙。那裏有機會識社會的真相？（Dewey：*Ethical Principles Underlying Education*, p. 23）

杜威腦中，想着"道德"兩字，就想着社會的生活——現今社會的生活，不是古代社會的生活——道德的程度，就是人生的程序。道德的觀念，就是人生的觀念。人生以外無道德，社會以外無道德。他的道德範圍甚廣，不是在遺傳道德圈裏弄把戲的。

杜威說："我們對於道德教育的觀念，實在太狹，太重形式，太像病理學。我們把道德教育，和一種道德上的特別名稱緊緊抱住，和個人他種行為分離。至於個人自己的觀念和自動力，竟全然沒關係。這種道德教育，不過養成一種無能力、無用處的'好人'罷了。能負道德責任的和能幹事的人，不是這樣教育法可養成的。這樣教育法，都是皮毛的，於養品性全沒有關係……"（Ibid., pp. 25-26）

什麼樣才算是眞道德教育呢？照杜威的意思，有三件事：（1）社會知識；（2）社會能力；（3）社會興趣。社會知識（social intelligence），是使個人知道社會種種行動、種種組織的意義。社會能力（social power），是個人知道羣力之趨向及勢力。社會興趣（social interests），是使個人對於社會事業有種種興趣。學校中對於三件事有什麼原料呢？（1）使學校生活成一種社會生活，把學校造成一個社會的小模型。（2）學與行的方法。（3）課程。學校生活，是代表一種社會共同生活的精神。學校訓練、管理、秩序等，要和這精神相合。要養成自動的習慣、創造的精神、服務的意志。課程一方面要使兒童對於世界生自覺心，他們既生在這世界，和這世界有密切關係，要使他們知道世界事業的一部分，他們要擔負的。這樣的辦法，道德的正當意義就得了。

以上講的一番話，是社會方面的人生哲學，這是實質（what）。對於這個見解不差了，我們就可以講心理方面的人生哲學，這就是方法（how）。社會的價值一句話，對於兒童不過是一種抽象的意思。

若不把這抽象變作具體的，他們小孩子便不能懂。做到這道德的地步，究竟是兒童自己的事，所以我們就要從兒童個人身上着想，要使他們個人的生活，代表社會生活的一部分。（Ibid., pp. 26-27）心理一方面的人生哲學，是用什麼法兒推行呢？杜威說道：

　　第一步就是觀察兒童個人。我們知道凡是兒童都有一種萌芽的能力。──本能和衝動（instincts and impulses）──我們要知道這種本能究竟做什麼，有什麼意思。講到這事件，我們就要研究這種本能有什麼結果，和功用；怎麼可使他變為有組織的動作利器。我們講起這粗淺的兒童本能，就要記得社會生活。講那社會生活，我們就可知道這種本能的意義，和陶冶方法。到了這兒，我們再要回到個人身上，找出來用什麼方法，把兒童自動的本能，達到社會生活的目的。又用什麼方法是最經濟的、最容易的、最有效力的。我們所應做的事，就是把個人活動和社會生活聯接起來，這口有兒童自己做得到，教員實不能越俎代謀。即使教員能勉強做到，亦沒有什麼人生哲學上的價值。教員所能做的，不過把環境改良，使兒童受了環境的影響自己動作起來。（註：如兒童沒有團結力，教員不能把他們勉強團結起來，只能改良環境，使他們自然團結起來。開運動會、游藝會、展覽會等，就是改良環境的方法）道德的生活，是要兒童個人知道自己的意義，動作的時候，又要有精神上的興趣。對於動作的結果，是自己用力得來的。到底我們逃不了用心理學的方法，研究個人的心理。找出一個法兒來，使兒童勃發的天能，和社會的習慣智慧相適應。（Ibid., p. 27）

　　照杜威的見解，這心理學的研究是有幾個道理：（1）第一件要知道凡兒童的行為（conduct），基本上是從他們固有的本能和衝動（instincts and impulses）上發出來的。知道這個本能和動作是什麼東西；在什麼時候，有什麼本能動作發現；我們才能利用他，使成為有用的。不是這樣辦法，各種道德教育，都是機械的、外鑠的；和個人內部沒有感動的。若我們以為兒童天然的動作，就有道德的意義，便放縱了他，這就壞了，我們太驕養兒童了。這種天然動作，是要利用的，或是要引導到有益的地方去；這是教育的原料，是給我們用他來造成一種有用的人。

（2）人生哲學要從心理方面看，因為兒童自身，是教育唯一器具。各種功課如歷史、地理、算術等，若非從兒童個人經驗上着想，都是空虛的。（Ibib., pp. 27–28）

總而言之，照杜威的意思，我們講道德教育，是發展兒童的品性或人格（character）罷了。然而講起這品性一個名詞，大家就弄不清楚，所以杜威把他說明白。

杜威說品性是指兒童內部動作的程序，是動的，不是靜的，是心的原動力，不是行為的結果。（Ibid., p. 28）照這看來，發展品性一句話，有幾件事情，要講明白的。

（1）能力（force）（行為的能力）。我們講道德的書，都注重存好心（intention）一句話。誰知道我們要講道德，不是存了好心便罷，我們還要有能力把這好心推行到實際上。若有了心，沒有力，便成一被動的"好人"，有什麼用處呢？所以我們要養成一種人，使他有肩膀擔負責任，不怕難，不怕苦，自動非被動，敢言又敢行，這才算一個有道德的人。這種能力，我們就叫他品性的原動力（force of character）。（Ibid., p. 29）

（2）但有能力，還是不足。能力不善利用，就會變成危險的東西。有大能力的人，有時會把人家的權利摧殘。所以有了力，還要把他引到一條正路裏去，使他成有用的力，這種能力，方纔可寶貴。

照這看來，智力（intellectual）和感情（emotional）是要並重的。智力是具一種有判斷力的常識，看事能明白，知輕重大小，遇事能措置得當。抽象的是非，空懸的好意，是不能成這種判斷力的，要個人從實際上磨練，方纔能到這地步。

（3）徒有智力，還是不足。我們知道很有判斷力的人，還是不做事情。這是因為沒有一種活潑潑抑不住的一種感情，在裏邊發出來（孟子說惻隱之心，仁之端也，又說擴而充之足以保四海，都是講這道德感情之作用。）。所以我們要講感情一方面，我們可知有判斷力，有忍耐力，不畏難的人，固然也能做好事情，但我們把"鐵面"與"婆心"兩種人相比較，覺得"婆心"的人是和藹溫柔的，是慈悲的。"鐵面"的人是形式的，是照格式做的。要養成和藹溫柔的品性，是要把感情注重。（Ibid., pp. 29-31）

學校中應該是什麼樣做法，纔能養成有能力、有判斷力、有感情的品性呢？

杜威有幾句話，請列位聽：

（1）第一件，品性的能力是不能用抑制（inhibition）法養成的。我們不能從消極的抑制裏邊，找出積極的自動來。有時因為要將各種能力聚在一塊兒，使專心致志做一件事，我們不得不防制他的能力在他方面亂用。但這是引導，不是抑制。這是貯藏，不是塞住。好像園中一池水，我們要作灌花之用，便不能讓他東西亂流。這貯藏的時候，便有許多眞正的抑制力在裏面，不必另外再用抑制方法。倘若有人說抑制力在道德上是比較引導力為要緊，這好像說死是比生為貴、消極比積極為貴、犧牲比服務為貴了。有道德教育價值的抑制力，是包括在引導力裏邊。

（2）第二件，我們要問學校裏的功課，從心理上看來，是否為養成判斷力所必需的。識得比較的價值，就是判斷力。故欲養成這種能力，必須使兒童具有一種選擇和判別的能力。徒然讀書聽講，不能辦到。學判斷力的好方法，就是要兒童時時下判斷，任選擇。還要自己來判斷，自己來選擇。判斷選擇之後，自己去做，使他知道他自己行為的結果，或成或敗，有了結果，纔能下判斷。

（3）第三件，慈悲心，或與人表同情的心，必須養成的。要養成這種感情，須要留心美的環境，使兒童受一種感美的影響。若校中功課是形式的，學生又沒有社交生活團體集合的機會，感情的生機就會餓死，或從不規則的一方面去發洩，更把他弄壞了。有時學校以實用為名，使學生但習讀、寫、算三者（Three R's），和其他乾燥的功課，把他的耳掩住，不聞好文學，不聽好音樂；把他的眼遮住，不見好建築、好雕刻、好圖畫；這樣辦法，我們就沒有把兒童的感情養好的機會。他的品性，就缺這一部份重大的要素。（Ibid., pp. 31–32）

（八年四月，《新教育》）

托爾斯泰的人生觀

做人究竟做什麼？這個問題，凡人終有一個時候想到的；但要答這問題，覺得真不容易。平常的人，偶然問到這問題，糊塗答一句，就算了結，仍舊照常的做人；一年復一年，到死的時候，還不知道他做了一世人。只有抱高尚思想的人，想到這個問題，就好好兒去研究，終要得一個滿足的答復，方纔肯休。

俄國托爾斯泰是一個貴族，他年輕的時候，享盡貴族所享的一切快樂；到了後來，覺得這種快樂都是虛幻的，都是和禽獸相同的肉體的快樂，和這人生的真快樂是無關的。於是他拋棄一切，做一個鄉下人，過平民的生活，自己耕作，供給自己。他晚年所著的書，多哲學的。他說以前所著的種種美麗的小說，都是虛費光陰和精神。他晚年所著的書中，有一本叫做《生》。我這篇文章的材料，就是從那英文譯本中得來的。

現時人生觀的批評——托爾斯泰以現時人生觀分兩種，一種是科學的。科學的人生觀說：生活的本源，在原子泡裏。又一種是盲從先覺教言的。這派人盲從先覺的遺言，不考查他的意思，以為但守外面的教規教禮，便能求幸福。托爾斯泰說：這兩派都是不對。原子泡的生活，與"我"的生活是無關的。這原子泡的生活，不但在人身裏，在獸身裏也是一樣。原來人的肉體，和獸的同；肉體就是獸體，獸體的

131

生活和"我"的生活怎樣可說是一樣呢？這獸體的生活，是怕老、病、死、苦；所以獸體的幸福，是靠不住的。真生活的幸福，是要跳出這老、病、死、苦以外。自培根、孔德這輩人出來，認獸體的生存為人生，不知道孔子、老子、釋迦、耶穌、回回的人生觀，是真有道理呢。

那一派盲從孔子、老子、釋迦等等的人，以為生活的快樂在死後。苦是前定的，這生是永遠苦的，若要得真快樂，非在死後不可。

貧家兒，富家兒，生長的時候，就受這兩派的教訓。若問生活是何物？科學家答：生活是天然律成的，我們研究天地、昆蟲、禽獸、草木的生活，都是靠著這天然律。盲從先覺教言的人說：這世是沒有快樂的，要求快樂，須修來世。於是貧家兒，富家兒，得不到正當的答復，就沒法子了解人生的真義。但做人終要生活的，所以只好隨外面景況做人；聽了外面習俗的引導，一年復一年，一代復一代，糊糊塗塗的做過去。這種外面習俗的引導，是沒道理的，然而人人都跟著了走。愈不知人生真義的人，愈為這種外面習俗的權力所屈伏——中國人拜祖宗就算了事；回回教徒參聖地就算了事；印度人念幾句佛，就算了事；耶教徒到教堂，就算了事；軍人對國旗行禮，獵人械鬥；這都是算神聖不可侵犯的責任。生了養，死了葬；誰知道為什麼做人！托爾斯泰的意思，以為現在科學派只知道有肉體的獸性的生活，視生物界為同一獸性的存在，忘卻了真"我"的生活；這獸性的存在，那裏靠得住呢。你殺我，我殺你；你吃我，我吃你；真是一個互相吞食的世界。盲從派只知有習俗，千千萬萬的人都被那個習俗關住了；不知不覺的一天一天做過去，到這個肉體死的時候，還不知道有真"我"。

理性——這真"我"真生活是什麼呢？托爾斯泰說：這就是真理性。這個理性的存在，是不靠肉體的，是無老死病苦的。要求這個理性，先要把這個肉體獸性的幸福拋去，求個理性幸福。理性是什麼呢？理性就是生活的天然律；理性有天然律，好像物質之有天然律。由這"理"做人，就是真幸福。怎樣由這"理"做人呢？須把肉體獸性的活動，制配於理的裏邊。這就是人生的真活動，這就是愛。

愛——獸性的個人向那幸福方面去走，所以要爭奪。這理就會對人說：爭奪是苦的原，獸性的個人要爭奪，所以這肉體是沒幸福的。真幸福是不與人爭奪，這就是愛。愛是使人覺得他的生存，是為他人的好處，不是為自己的好處；獸性的個人是受苦的，故要免除一切苦，非忘卻這獸性的個人不可。愛能忘卻獸性的個人，獸性的個人要求幸福，就一步一步的投到孽網裏去，就向那死的方面走。愛能消滅怕死的心，能使人犧牲自己肉體的存在，為人類求幸福。

服務——人為什麼怕死呢？因為他求個人獸性的幸福，所以時時怕死，因為死後就沒有這幸福了。若人以服務他人為幸福，就不怕死了，因為我的生存，是為他人求幸福的；他人的幸福，就是我自己的幸福，那末我死之後，他人的幸福仍然存在，我怕什麼死呢？所以理性的一個天然律，就是各個服務全體，全體服務各個，大家互助，不相殘殺。所以人到完全受治於理性的時候，不自相殘殺。只吃禽獸的乳和蛋，不吃他們的肉，即對於植物也不敢無故毀滅他。若我只管求我個人的幸福，我就會害人。因為我要我的幸福，人也要人的幸福。我奪人食，人就奪我的食。那末人在世上就時時在危險之中。你看世界的苦處，那一件不是你搶我奪的行為造成的？所以要講人生的真幸福，先要把自己忘卻了。忘卻了自己，是求真生活的第一步。能忘卻自己，纔能為人服務。

人生達不到幸福的三個緣故——有三個緣故，使人的生活枯涸。第一是人只知道自己的幸福，所以看見這個世界裏邊，都是互相爭奪，互相殘殺。要醫這個病，須認人類的幸福為自己的幸福，互相扶助。第二是個人求虛榮的快樂——求肉體的快樂——只要我的肉體得種種快樂，人家的苦處我都不管。要救這個弊，對於人家的受苦，要表同情，要有一個惻隱之心。第三是怕死。人以肉體的快樂為快樂，這肉體死了，快樂就沒有，所以他怕死。要救這弊，須愛人過於愛己；若能愛人到極點，我死後人家還生存，人家仍享快樂，我怕什麼死呢？

人與世界的三個關係——這三個關係：（1）是理性的知覺和世界的關係；（2）是獸性的知覺和世界的關係；（3）是肉體的物質和世界的關係。人不知道理性的關係是人和世界惟一的關係，所以他想他的生活，是在獸性的知覺和世界的關係裏邊；若獸性的知覺和世界的關係一旦斷絕，他就沒知覺了。這種人以為獸性的知覺是從物質裏來的，理性的知覺是從獸性的知覺裏來的。後來這理性的知覺漸漸弱起來，就回到獸性裏去；這獸性到了極弱的時候，就回到無生氣的物質裏去了。

照這種人的眼光看起來，以為理性的知覺和世界的關係是偶然的，是暫時的，是容易消滅的。獸性的知覺和世界的關係是不滅的，因為有種族生存在世界，來保存他的獸性。若物質和世界的關係，更是永遠不滅了。照這樣看來，理性的知覺，非但是不能永久存在，而且是一種用不着的，可省去的一件東西。

然而人類的感覺，終覺得這種人生觀是不對。做人一死就消滅，終覺得可怕。因為要免去這個恐慌，於是就有兩種見解出來。一種人說：這肉體的獸性知覺，即是理性的知覺；個人要消滅，但人的種類是永遠存在的，所以理性寄在種類的獸性中，也永遠存在。又一種人說：人沒有產生以前，是沒生活；有了肉體，這生活就發現；肉體滅，這生活亦滅，將來還會隨肉體復活。這兩種說都是不對。因為都沒有認着理性和世界之關係。

照這種眼光，生活是一種浪。從死物質變人，人中生理性的知覺——浪花——達了浪的極頂，就從理性的知覺回到個人，回到物質，便消滅了。這兩種人，以眼所看得到的為生活的界限。

生活不滅——托爾斯泰比理性的生活為一立體弧三角：今生所見的，是立體弧三角的中段；其尖頂為前生，其底為後生，今生心目中，想見不到尖頂及底。我始覺自己與世界關係的時候，是立體弧三角的最狹部份；我現在最高生活的見解，是最闊的部份。我生產的時候，見不到生前的尖頂；其下段的延長，為我的肉體和死亡遮住，也見不到。我起初的時候，以為我今生所見的一段，為我生活的全部；後來我知道我生產以前，我已與過去有關係；我肉體滅亡以後，我與將來也有關係。這眼所看得到的，不過是生活的一段，不是生活的全體；我現在很顯明的見到我生產以前有生活，我肉體滅亡以後有生活——有無窮的生活。

托爾斯泰人生觀的大意，我已講完了。我現在把上文所說的意思總括起來：

（1）人生以前有生活，死後也有生活——人生不滅。

（2）現世的生活為全體生活的一段。

（3）現世的生活有兩方面：一，理性的生活。二，肉體獸性的生活。理性的生活，承生前，啓死後，是無窮的。獸性的生活，有生有死，是有窮的。

（4）理性的生活，是博愛，是服務，是忘卻自己，是互助，是不畏死的。

（5）獸性的生活是自私，是爭奪，是殘殺，是畏死的。

（八年九月，《新教育》）

第五編　兒童心理與歷史教授法

兒童心理

　　人類初生下地的時候，最輭弱無用，還不及動物，所以有嬰兒保育法之研究，但這是醫學家的事，不是教育家的責任。講到教育，我們從兒童心理之研究始。講兒童心理，我們從研究遺傳學始。兒童本性不同，本能的程度也各異，究其來源，父系母系，實應並重。從父系來的就像父，從母系來的就像母；還有跳隔一代的就許像他的祖父、祖母或外祖父、外祖母。兄弟姊妹常有各不相同的，即是此故。

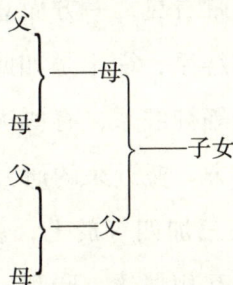

```
父 ┐
   ├─ 母 ┐
母 ┘      │
          ├─ 子女
父 ┐      │
   ├─ 父 ┘
母 ┘
```

　　吾人對於犬馬的配合，常很留意，而於人類的配合，反漠不加意，不管好歹，隨便配上，就算了事。近世優生學的發明，即所以挽救此弊。今試講鼠的遺傳，大概言之，平均一黑鼠、一白鼠相交而生的小鼠，譬如生四個，其趨勢是一黑、一白、二灰（即黑白相間的）。純種的二白相交，全生白鼠；二黑相交，全生黑鼠。二灰相交，生一白、一黑、二灰。但是人類的遺傳，決不如是簡單，善惡智愚，各各不同。所以教育對於個人不能不有分別，而對於種族絕無可以歧視的理由，與其說此種族與彼種族有別，不如說此個人與彼個人有別。至於男女更無可以區別的理由，男子中有智愚賢不肖，女子中亦有智愚賢不肖，所以與其說男與女有差別，也不如說此個人與彼個人有差別。但是男女之間，卻另有一個異點，我們也應注意，就是女子多在中人的地位，而極愚惡與極賢智的地位多為男子所占。所以從各方面看來，教育只要注重個別，即為已足，不必管什麼種族男女的關係。

鼠因毛色分明，所以他的遺傳，容易看得出來；人則不然，必須考察神經系，方才可以區別。各人個性不同，就是神經系的關係，智的和愚的，往往差得很遠。神經系有受的和出的二種。譬如我們拿一件東西，一定這東西的影像，先由眼睛神經進去，方可看見，再由手神經出來方能去拿；又如狗吃骨頭，也是如此，一方面骨頭的影像，入了眼神經，他就看見，一方面立刻從嘴神經出來，他就去吃。但是關於智識底神經系，卻不是如此的簡捷，一方剛進，一方就出；這就是所謂第二等神經系，有傳達的作用，能將事物的影像，傳到他最相近習的地方。據近來的研究，說學習是神經網改變位置以相接觸的結果，如三加四等於七，就是這個神經網記住三，那個神經網記住四，兩個互相傳達，聯到一處，結果自然得七。獸類底第二等神經，不及人類發達，所以知識就不如人類。松鼠到了冬天，把果實藏在地穴裏面，是天性的習慣，不是第二等神經的作用，因為他藏果的時候，並無備飢的意思。又動物的神經作用，都是極短時間的，如狗見骨就吃，貓見鼠就捕。愚人底神經系，也是不易活動，有時很簡單的事理，無論如何替他解釋，總不明瞭。聰明的人，就是很繁複的算術，也可以立時解答。神經系變動的能力，於年歲老少也有關係，少年神經尚未固定，容易教導，一到四五十歲，神經固定，變動能力也就大減，教導也就比較的困難。所以教育最注重兒童時期，因為這是最好的機會。

　　神經改變的結果，就是滿意與不滿意的關係，如三加四得七為大家所公認，就是滿意的結果。學習就是設法使神經系按着滿意的方向，互相接近，養成習慣；結果滿意，下次就照着去作，否則下次另改方法，務求滿意。現代的教育，就是研究如何使神經變動得滿意的結果。滿意有遠的和近的二種，近的如小孩得着食物，立時止哭，遠的如成人曉得過飽便要致疾。教育應該注重遠的滿意，兒童不願讀書，要設法使他了解讀書可以求遠的滿意。從前私塾裏邊，用板子和鞭子做勸學的利器，兒童只覺得讀書比挨打稍勝一籌，所以為避重就輕起見，不得不勉強咿唔一下，這竟是與滿意沒有關係了。但是話雖如此，也不可陳義過高，使兒童莫名其妙。比方要獎勵清潔，可以向他說：“潔淨受人喜歡，不潔淨要惹人厭惡，你要不洗手，客來一定笑你。”比方要獎勵求學，可以向他說：“你要是學會了，某人必定誇獎你，給你糖吃。”這種說法，總比用什麼“衛生”“自立”的道理，比較得容易領會。

　　所以智愚底不同，完全是神經系的改變能力底關係。教育兒童，就是設法使他底神經改變能力逐漸發展。

一、兒童的良能

　　兒童都有天賦的良能。孟子說良能都是好的，如“惻隱”“辭讓”“羞惡”諸心。然按實際上說，不但好的（如仁義等）趨勢，就是壞的（如不仁不義等）趨勢，也都是從良能裏出來的。良能可分為二種：

（1）非羣性的良能：可用良好的教育，使他變成羣性的。

（2）羣性的良能：如無好教育，也可漸漸消失。

（1）非羣性的良能，是當人與事物相應接而生的，現在約舉下列數種。

①體力之活動。小兒初生的時候，頭頸總是東倒西歪，不能豎立，後來漸漸長大，才能立頸、坐、立、行動、嬉笑、哭、滾地；這都是天然的活動能力，在那裏發展，也就是所謂良能。訓練這種活動能力，應該先大肌肉運動（如體操、跳擲等），而後小肌肉運動（如翦紙及弄小玩物、寫字等）。中國小學教育，不注重這一點，所以一般國民底大肌肉多不發達，這是於膽量魄力很有關係的。小孩無時無地不活動，是他的天性使然。很幼的小孩，不能靜坐到三十秒鐘，五歲至十歲的小孩，不能靜坐到一分半鐘。所以要是强迫小孩，不許活動，無異於阻礙他的生機。

②發音。發音是言語的起點，言語是由經驗積聚而成的。小孩發音，也是良能；他學話之先，一定先是吹口作響，成布布的聲音，隨後再呼爸爸媽媽。從這一點，因勢利導，至能說話，就全仗別人的教育。小孩生在什麼地方，就說什麼地方的話，也是滿意不滿意底關係；他說出來，別人懂得，就是滿意，別人不懂，就是不滿意，他自然會設法改變，使人懂得。教育就是要利用這種趨勢，千萬不可錯過，錯過就格外費力了。

③探機和造作。小孩都有探機的天性，他得到一種玩物，一定要把他弄破，看看裏面到底是什麼東西，如拆毀搖鼓及小火車等。所以小孩實在都是科學家。這種良能，千萬不可抑制，哥侖布探得

新大陸，何嘗不是這種良能發展的結果。

小孩又有天然的造作性。我記得幼時讀孟子"築斯城也，鑿斯池也"，我就跑到書房外面，團泥築城，掘地作池，不幸被老師看見，一腳踢翻。這就是造作性的自然流露，應該十分獎導的。一味偏重灌輸，叫小孩死記了許多"趙錢孫李""一隻狗一隻貓"，簡直是戕賊本能。我幼時聽老師講"神農嘗百草，日服七十二毒而不死"，就問他"為什麼神農不會毒死"，被老師大罵一頓，不許再問；後來藥王廟旁一個老婦告訴我說："神農的肚子，是水晶造成的，所以不會毒死"，我才恍然大悟，原來老師的本事，還不及這個老婦。

但是利用這兩種良能，也有不可不注意的地方，就是探機性容易變成殘忍，如見蛙跳蠅飛而剖視之，即宜切戒。教手工應該先粗後細；先用沙、土、木，後用剪、刀、筆；先教他隨意亂造，後教方法。

④取食和獵。小孩手初能拿的時候，一定是眼睛不看，拿來就往嘴裹去塞，要是沒有東西，就去吃手，這是取食的良能。後來的規規矩矩，正坐徐食，是因求滿意而學成的習俗。華人啜湯有聲，到了外國，自然就改，也是求滿意。

⑤戲弄。小孩喜歡戲弄，也是天性。只要有度，即足以發達羣性，若過了一定的限度，就要弄出弊病來了。比方小孩用紙套人帽結，一定要有人見而大笑，他才高興，別人愈笑，他戲弄得愈高興。西方俗語說："你笑，天下人和你；你哭，就只你自己"，即是此意。戲弄太過度，就要釀成以強侮弱底現象。如張獻忠幼時殺蠅為戲，竟養成一個殘忍的惡魔。

⑥所有權和收集。小孩不准別人坐在他母親底膝上；看見東西，

常常說"我的"；打了他心愛底東西，他一定立時大哭，如打了他自己一般；買了花炮，不許別人放：這就是天生的所有權性。這種天性，漸漸發展，就有什麼鄉、省、國等等的界限。到了現在，有"我的主義"與"某某主義"之爭，也就是此性的發展。

小孩有天然的收集性，無論什麼東西都要，如鳥毛、蚌殼、石子、香煙牌子，都是好的。後來成人底收集古董字畫、設博物院、守財虜羅掘錢財，便都是此性的發展。各種學問，都是由收集而成，所以這種良能，應該分類的去幫助他，不可抑制。

⑦打架。小孩喜歡打架，也是天性。只要有人阻止他的興趣，他就生氣要打。常常因為很小底事物，彼此大起衝突，互相扭打。但這也是勇敢底動機，只要教他知道"為公理而戰，勿為私利而戰"，也是好的。女子少有打架的動機，所以有人說，女子多詭詐。

（2）羣性的良能，是社會組織底要素。無論何人，不願獨居，就是羣性的起點。茲舉其最重要者數列如下。

①慈愛。

a. 和藹（慈善）的心。如見人飢寒，就可憐他，見人喜歡，他也喜歡，又如望人得福，憐人遇禍，等等，實在也就是道德底根源。教育底責任，就是要保護這種慈善的趨勢，免其浪費，從物質的方面引到精神的方面。

b. 同情的心。就是反應的模倣（reflex imitation）。看見大人哭，他也哭，看見大人笑，他也笑，就是自己的感情受別人的感情底影響。小孩雖有時也有殘忍行為（如殺蛙捉蠅），那是他種天性過度發達，或是不知受害者底痛苦，並不是喪失了同情心。教育底責任，就是要養成他"知人痛苦"的想像。

②羣聚。小孩喜與年歲相近底兒童，在一處玩耍，卽羣聚性底

表現。這種良能，在野蠻時代，用以取食衛羣，在文明時代，就可用以促進文化。愛羣是人類的天性，一個人若是不愛羣，一定是他有病。

③喜人稱許。小孩穿了新衣帽，有人誇獎他好看，就非常的高興。這種趨勢，也應該獎誘他、利用他；不可有過分的苛責，使他失望，一失望，他就要氣沮，不願再往前進了。

④競爭。這是學術進化底大原因，如學校裏底考試分數及運動會等。但須注意的，就是要養成他"各自發達自己"的競爭心（如競爭清潔、競爭學問等），阻止他"物質上自私自利"的競爭心（如侵略、搶奪）。

⑤模倣。小孩見大人背着手走路，他走起路來，也將兩個小手背在後頭。大人穿拖鞋，他也把鞋跟故意踏倒。有人說這是天性的，桑戴克說這是"學習效果律"（除反應的模倣）。總之，這是有益的趨勢，因為人類中能創造者很少，能模倣者很多，並且各種學術，也往往因模倣而能傳之久遠，所以這也是文化進步底一大原因。所當注意的，就是要替小孩選擇好模範。現在有人反對模倣，主張創造，但不是個個小孩能有創造能力的，所以最初只可教他模倣，但須為他擇好模範。

兒童底良能，近來發見得很多，以上所舉，不過是幾個最重要的罷了。有人說小孩是"良能一束"，若是把他搬在書房裏面，叫他死記"一隻狗，一隻貓"，走路快點就要罵，兩人打架就把各人痛打一頓，實在不是愛護良能底辦法。所以教小孩貴在因勢利導，固不可強施抑束，也不可揠苗助長。無論羣性的和非羣性的良能，只要利用得當，都是好的（如打架、競爭等）。

教育祇能指導良能，不能像用草餵牛，餵到一個程度便能長大的。兒童的良能，就是他底資本，只要利用得法，即能生利，教育不過是幫助他經營一下罷了。

二、兒童底感情

宋儒重理性而輕感情。其實人類所以能活動，多仗感情；理性只是能指導感情，離開了感情，就沒有理性可以存在。教育就是要發達感情，使歸正道。中國人底生活力太薄弱，不能活動，也就是吃了教育不重感情底虧。西洋人注重各個人發達正當的欲望，所以他們底生活那樣豐富；他們種種制度底改革進步，也都由於感情不能忍受。要養成感情，使入正路，也不外上面講過底滿意與不滿意。譬如無故發怒而受人厭惡，他下次就留心了；又如過飽致疾，下次就要少吃一點，這都是因求滿意而改變其神經系活動底方向。只要看兒童底感情是否正當，而使其滿意或不滿意，他自能改正方向。無論喜怒哀樂，只要利用得當，都是好底感情。最好用正當的娛樂去改正壞的娛樂，如提倡美術及運動以代替賭博；只要正當的娛樂發達起來，不正當的自然就會消滅，若僅僅的從禁止方面着手，是沒有效果底。

兒童天生即有美的感情，如愛看花紙，愛穿有顏色底衣服。未開化底野人，聽見歌聲，也能擊節，都是天然的美感。講教育即應利用此點，如星期日率領兒童遊博物院，或作郊外旅行，以發達其美感。

美感有創造的與審美的兩種。創造的美感，是從天才裏發生出來的，不是個個小孩都能底，若審美方面，人人都能，所以要使兒童看圖畫，聽音樂，以引導其審美的感情。

感情這東西，到底是先天的或是後天的？這個問題，至今尙無定論，也沒有什麼的研究；但於"畏"一項，研究得最深。

畏。畏的知覺，是已經受驚之後，方纔發生，並非遇着某種事物，卽已知道恐懼；如遇蛇，聞礮，必先發畏的感情而後方覺畏。又如誤犬為熊而狂奔，見毛蟲而髮指，怯黑暗，怕面生底人，怕獨居，怕怪聲，都是先畏了而後覺畏。

畏的心理底來源又有兩種關係：①遺傳的關係，原人社會時代，穴居野處，卽有怕蛇蟲、怕黑暗、怕孤獨，等等底習慣。②社會的關係，如中國小孩怕洋鬼子、怕鬼，都是社會養成的。

一切法律、禮儀、宗教，都是根據於"畏"的心理；又如輿論底勢力，也是從這個"畏"裏生出來的。

但是要發達感情，卻也不可過於放任，過於放任就要發生種種弊病，如"五四"以後，講自治，有些學校生徒底自而不治，和以前學校裏治而不自，是走相反的極點了。

還有一個重要的點，就是設法使其注意功課，若任其像《大學》上說"心不在焉"底樣子，那是絕對沒有好效果底；同班學生底程度不齊，注意力不同底關係不少。

注意力。上班底時候，忽聞教室發生大聲，大家底注意力，卽不知不覺底移向室外；譬如有一人在馬路上仰天呆看，頃刻之間，卽可招惹許多閑人；小孩讀新書，頭一課一定格外讀得純熟：這都是天然的注意力。成人底注意力較長，小孩較短，成人能同時看見許多東西，小孩只得看到一樣兩樣。成人之中，注意力也有強弱底不同，卽如讀書報看信，有底人很快，有底人很慢，還有必須"念念有詞"底自讀自聽，方纔可以了解底。

　　孟子言"收放心"，卽是講注意力，孟子牛羊之譬，王守仁說"人之為學，在求放心，心苟或放，學乃徒勤"，亦卽此意。成人與小孩不同之點，除多少長短以外，還有複雜程度的不同：成人同時構成一氣底注意多少事物，小孩只能注意一件一件底不相聯絡的事物。還有機械的習慣也不相同：成人能同時數個官覺並用，如上課時，一面聽講，一面筆記；彈鋼琴時，眼睛要看譜，手要彈，腳要踏。小孩走路時眼不看地，就要跌倒，別底更不必講了。機械的習慣也是於人生極重要底，若是事事時時，無不加以注意，人生就苦極了。打算盤、打字，等等嫻熟底技術，都是機械的習慣。教育底責任，在教導兒童底習慣，使成為機械的，然後再教他用最高的腦筋，來研究種種複雜事物。還有深淺底不同：成人在人羣叢雜中可以讀書，又可以"發憤忘食，樂以忘憂"；小孩底注意力都是很淺，如同時必須旁注他事，就不能專一，讀書時聽見怪聲或覺肚飢，他的注意就變遷。又有久暫底不同：成人經驗旣多，看見事物，研究底意義格外豐富，所以注意底時間可以久；小孩經驗太少，又不能聯貫，看見事物，"一目了然"；更無賸義，所以注意不久，并且容易困倦。幼稚園底學生底注意時間不出十五分鐘，國民學校底學生不出四十至四十五分鐘，中學以上，卽可漸漸延長。成人讀書，大約以連讀一點半鐘為最適宜，但有只能連讀一點鐘底，也有能連讀兩點底；各人習慣有不同。若是過了適宜底限度，無論如何讀，總是讀不上。又有範圍廣狹底不同：成人注意底範圍狹，所以覺着可注意底事物較少；小孩底範圍廣，他覺得烏飛、雞啼、花開、人走，無一不可注意。課堂中多備圖書等物，也就是因為小孩底注意範圍太廣，多備東西，可以多增加他底興趣；所以完全受環境的感應底，實在只有小孩，成人比較得少。

注意力之種類。小孩底注意力為官覺的，成人底為知識的：小孩見物，無不注意，成人則否。成人見了"佳山水"，每每與過去的感想聯貫起來，高興時還要動動"詩興"，卽是從知識方面來底；小孩則不然，他只看見一座山、一條河、幾株樹、幾個亭臺樓閣，完全是官覺的注意，絕無絲毫感想夾雜其中。比方秋天到錢塘江觀潮，在成人看來，覺得那波濤雄壯底氣概，真像千軍萬馬，說不得就要搖搖頭，念那"立馬湖山第一峯"底佳句了；但是在小孩看來，只是一片大水、許多人、幾隻船，至多不過想起"他去年來時，在此賣❶過幾塊糖"罷了。

強制的注意力。因社會底逼迫，或遠大前途底關係，成人往往能為強制的注意力，勉強注意他所不願注意的事。我們研究學問，用強制的注意力底時候很多。因社會，或時勢，或志願之需要，我們就會勉強用功。所以要養成兒童用強制的注意力之習慣，當以兒童的需要為基礎。任意的注意力，剛弄這樣，又弄那樣，不能成就有系統底學問；必須慢慢地利導他，養成強制的習慣，過一年半載以後，小孩便不覺得苦了。這就是由官覺的注意引入智慧的注意底歷程。自然人只看見事物底近的結果，文明人可以看得較遠；由近而遠，就是養成強制注意力底方法。

講到注意力方面，卽發生二大問題：卽教育功效是否由"困勉"（用力）方面得來，抑係由興味方面得來。興味方面，因為外國行自由選科制底大學，已經有學生避難就易以期多得單位之弊，所以有人反對；而一面則以為困勉終嫌太不自然，不能造就上好人材，況且勉強的也不能持久。現在新底教育學說，要注意"最後的興味"，

---

❶ "賣"，疑為"買"。——編者註

既不取無為的勉強，亦不偏重近的興味。舊教育只知困勉為好訓練而完全不管興味，固然不對；過於偏重近的興味而絲毫不加強制，也易生弊。最後的興味即是遠的價值，只要使學生了解"現在多用功夫，將來多得價值"底道理，他自不致一味盲目的去"舍難就易"了。但是這種學說，只可適於成人，小孩便不懂什麼叫做"最後"；所以對於小孩，應當設法引起其可以覺察得到的興趣。近來國內教育現狀，差不多這兩派都已各走極端，或偏重困勉，或偏重興味；偏重困勉，不但使學生受無為的苦，使他們畏學校如囚牢；而且會阻礙他們的生機。偏重興味，就養成"避難就易"的習慣，浮而不實的知識。

三、兒童底官覺

官覺是傳知識底機關，所以官覺教育也很重要。官覺若不健全，知識就不能十分正確。按近代心理學說，要發達兒童底官覺，應當順應着他底天然官能，因勢利導。

官覺底感覺範圍，也有一定限度，如距離過遠，不能聞見就是。物理學中底三稜鏡，照於日光中，只現七色，紫以外及紅以外之色，即不能見；貓能黑夜觀物，狗能以鼻識途，而人則不及。盲人底聽覺特別發達；慣於打牌底人，用手一摸，就知道什麼牌，都是特殊官覺。教育不能打破官覺底天然限度，勉強使人能見紫紅以外底顏色，只能以訓練使人免去色盲之病。只要有訓練，官覺即易發展。

小兒底官能發展時期不能一定。初生即能辨味，但眼睛不能向遠處看。二三歲以前，各種官能，都不完備，以後方漸漸發達。等到後來能辨別顏色，則須仰仗教育。教育並可訓練官覺，使之精確。

意大利蒙得蘇利女士底教授法，就是發展官能底最妙方法，如以有扣有帶底布板，給小孩作玩具，使他練習扣縛，漸漸卽能自穿衣服。這種教授法，早已風行西方，其實於中國尤為合宜，因為中國孩童，官能多不發達。

小孩搖了搖鼓，一定往嘴裏亂塞，卽是先試聽覺而後試味覺。官能於注意力亦有關係。小孩初生，腦是散的，不能注意。同一用官覺，而受過訓練與否，卽大不相同。同是一塊石頭，地質學者見了，他底見解必與常人不同。初打電話，聽不清楚；不常同外國人來往，聽外國語不大方便；外國人吃中國菜，莫名其妙；都是訓練不足底緣故。沒有訓練，官覺就常常要錯，如小孩聞雷聲以為神怒，鄉人以雲為煙所成，以幻想為見鬼。西洋小孩，常以 "butterfly" 為來自 "butter"，以 "oats" 為來自 "oaktree" 卽因知識不足，易起誤會。中國孩童知識如何，還沒有精確調查。美國波斯頓底小孩，有百分之五十三，不曾見過日落底；有百分之三十，不曾見過雲底（因為房屋太高）；有百分之五十五，不知木料來自何處底。美國中學生中有因蘋果與蕃薯相似，卽以為蘋果也是由地中掘出來底。所以一方面用官覺，一方面還須觀察事實。官覺若未經訓練，常易變成幻覺，小孩看見剃頭刀及牙醫底大鉗，他就覺得理髮匠及牙醫也非常可怕。成人有習慣上的幻覺，如寫字寫得多底時候，"psychology" 與 "physiology" 互相寫錯而不覺其誤。

四、官覺發達與年齡

嬰兒只能見大見近，又不能將東西一件一件的分析而觀，又因視覺上沒有遠近的經驗，所以看見遠的東西，也要伸手去拿。到六個月方能辨明暗，十個月至十一個月能別紅黃而不識藍。小孩最初只能辨別濃色而不能辨別淡色。十二個月至十三個月底小孩看深紅與淺紅，以為是兩個顏色，必至六七歲方能辨別。至七八歲纔曉得房間大小及道路遠近，但此處至彼處有幾里路，還不能知道，教他們記某處至某處若干里，是無用底，因為他們不懂若干里是多少遠。所以教小孩地理，只可教以最淺近的東西，如山水房屋，等等。教習教他，說地球是圓的，好像橘子，他下次看見橘子，就說這是地球；美國有一個故事，有一天，有一位先生叫一個小學生說出三個證據，證明地球是圓底，他就舉了三個：（1）先生說是圓的，（2）教科書上說是圓的，（3）母親說是圓的；教習問林肯是誰，他說林肯是林肯公園裏底銅像：這都是知識不足的錯誤。講到聽覺方面，一歲以內底小孩，不能知道聲音所來底方向。到六歲還只有百分之六十能記聲調底。也有一二歲即能辨別自然韻調底，如小孩唱"螢火蟲，夜夜紅，飛到西來飛到東，替我糊蓋小燈籠"，即是。四歲的只能辨今天，不知道什麼明天、昨天、下星期。六歲的還不辨去年、今年。到八歲覺得上午、下午長短不同。九歲以前，覺得一年底光陰，非常之長。此等自然發達底遲早，不是教育所能為力，教育只能因勢利導。

按近代教育學說，一切知識和觀念都由官覺得來，所以訓練官覺，即是造就精確的知識和觀念。純用理性，極易引起誤會，近世各種學問，那一件不是實地觀察得來，所以養成正確的官覺，的確是當務之急。最好順着小孩喜用官覺底趨勢，因而利導，提倡音樂、手工，等等底訓練。

以上總講兒童本有的資本之利用，及如何使其自然發展。

　　講到此處，發生兩個問題，與兒童知識有密切關係底：（1）記憶力，（2）思想。

　　（1）我們常常聽說，中國人太重記憶而不重了解。實在說起來，記憶實為求知識之基本觀念所由來。記憶力分自然的及方法的兩種。小孩底記憶力，多為自然的。如記地理名詞，必用種種方法以補助之，卽是方法的。記憶力是神經系變動底結果，人之高於禽獸，就在記憶力較好。至於生理上的記性好不好，則非教育所能為力。從前記典故底，卽是只有生理的機能而無理想上的訓練。

　　記憶力兒童與成人不同。小孩底記憶力多為單獨的，所以外國文應在高小就學，算學倒可暫緩。成人底記憶力多為論理的，故成人對於觀念容易記得，因為他有意義，單字就比較的難記。兒童各種底記憶，十四歲耳力最好，以後漸退；十五歲目力最好，以後漸退；九歲以前，耳力比目力好；十九歲以前，各種都好，以後就要漸漸的退化了。十二歲以前，具體的事物易記，抽象的不易記。單獨的記憶力，只可純任自然，論理的可以設法增進。

　　（2）思想也出於天然。十二個月底小孩就能想，但是不精確罷了。普通言之，小孩思想比成人少，然終身在工廠度最簡單生活者，就許不及五歲小孩底思想複雜。成人動作，必先思想，小孩則否。兒童底思想，多偏於遊戲方面。他們思想不精密底緣故，計有六種：①知識不足，如因為拔洋娃娃底頭髮，也會拔母親的頭髮，以為一樣不痛。②知識不正確，易於誤會。③注意不專。④無系統。⑤整塊的，不能分析，如指橘為地球。⑥無批評力。

　　（九年三月至四月，為陳政君筆記，登《北京大學日刊》）

歷史教授革新之研究

　　吾國人觀察歷史之眼光，周秦之際，別為兩派：主張識往古而知今日者，儒家是也；主張知今日而後能識往古者，法家是也。儒家以前者之精神而觀察歷史，其過也，泥古而不化；三千年來，以三代理想之政治，為治國化俗之標準。法家以後者之精神而觀察歷史，其甚也，成秦代制度學術之革命，漢興而一反秦政。自漢至今，中國之歷史，不能脫儒家重古輕今之觀念。故今所謂中國歷史者，俱已往之陳跡，昔日之糟粕耳。愈識往古，則愈昧於今日。此清代顧亭林之所以有《天下郡國利病書》之作歟？

　　以上所言，為吾國歷史之歷史。其泥古餘燄，猶滔滔於吾國今日之學校。著作家本此惡習，集往日之糟粕而美其名曰新歷史。教員本此惡習，聚臭腐之糟粕以釀新酒。學子受之者，無異飲酖毒而甘美酒也。

　　欲救斯弊，當棄往日之惡習而革新之。革新之道惟何？曰：利用西洋近年來教授歷史之經驗，體察吾國社會生活之需要，活用吾國歷史之資料，著作家本此以編新歷史，教員本此以為教授方法：此作者之欲與實際教育者商榷者也。

　　（1）教授歷史，當以學生之生活需要為主體也。夫教育云者，其宗旨非使兒童受之，以豐富其生活乎？養成其天生之個性，使為活潑靈敏之人，富有改良環境，認識社會種種徵兆之原理，具解決社會種種問題之能力乎？教授歷史，亦當以此為原則；使兒童受之，得供給其生活之需要。學校中之所以設歷史科者，其用意正在是耳。

（2）教授歷史，當以平民之生活為中心點也。自英之格林（Green）美之麥買斯得（McMaster）注重平民生活，為教授歷史之原理以來，歷史教授之根基為之一變。其所著之書，詳於言平民之德性，而以王侯將相之粗暴行為為比較。世界之需要，不在王侯將相之特別權利，而在平民之日常生活。王侯將相之於歷史有價值與否，以若輩之協助或阻礙平民之進步為論點（見 McMurry：*Special Method in History*, N. Y., 1910, Chapter I）。吾國自鼎革以來，崇拜王侯將相草莽英雄之習慣，尚不知不覺陰伏於國民意像之中；野心家方將利用之以圖個人私利。若教授歷史，沿襲昔日崇拜漢高、明太之成法，而不以平民之利害為論點，則他日國家或不幸而生禍亂，不將歸罪於歷史家乎？

教授平民之生活，富注意下列諸點：如人民居宅之布置，公共衛生之保護；又如風俗、職業、農林、家制、宗教、娛樂、法庭、學校、監獄、聚會；他如戰爭之結果、瘟疫之傳染，及民族之特性等；均須三致意焉。

（3）表揚偉人，政治家與科學家、發明家當並重也。表揚政治家者，所以激勵兒童之志氣。如吾國之蕭何、霍光、房、杜、司馬光諸賢，英之格蘭斯頓、德之俾士麥、意之加里波的、美之華盛頓、林肯諸賢，其行為功業，皆足以激發兒童之志氣。至科學家之功業，其在當世，雖不若政治家之勳赫，而其久遠實過之，如元妃之教民養蠶、周公之作指南鍼、蔡倫之造紙，其有功於吾民者深且遠。他如瓦特之造汽機、弗蘭克令之發明電源、笛卡爾之發明微積、巴斯德之發明微菌，於人類生活有莫大之關係。今日吾輩得衣錦帛者，元妃之賜也，行遠得知方向者，周公之賜也。用紙以傳達文明者，蔡倫之賜也。渡大洋，絕大陸，舉萬鈞，一日得行數旬之程，一人得成千人之功者，瓦特之賜也。片刻之間，千里而傳訊，弗蘭克林之所賜也。以數目符號而推測高深之物質科學，更以之而成有用之工程者，笛卡爾之所賜也。防制微菌之蔓延，消除傳染病之流行者，巴斯德之所賜也。世界文明之進步，人類幸福之加增，科學家之所賜予，較政治家為尤多。若欲引起兒童求真理、習勤勞之心，以科學家事功為資料，其效為尤大焉。

（4）歷史之範圍宜擴張也。吾國舊日之歷史，以消極言之，則一姓之家譜也；以積極言之，則其範圍實不越乎政治道德。政治道德，不過歷史之一部分而已。若以此範圍歷史上種種之變遷，則推因不遠，探源不深；其所測人事變遷之原因與結果，不能合乎事實之當然。

例如，歷代國家人民之盛衰，歷史家往往以“仁政”兩字為盛之原，以暴政為衰之因；於人民戶口之增加、生產力之大小、氣候地理之變遷、道路之興廢、交通之滯利、森林之穎茂，為國家人民盛衰之大原因者，吾國歷史家多不經意。複雜之原因，以簡單之“仁”“暴”兩字概括之，其有不掛一而漏萬者乎？為今之計，則當取舊日之範圍推廣而擴充之。今請與諸君言美國教授歷史之範圍。“他山之石，可以攻玉”，幸留意焉。

（5）美國教授歷史之範圍。美國歷史教授之宗旨，不外前所言之（1）（2）（3）諸條。今請以所教授之範圍而列舉之，雖不免貽挂漏之誚，惟示知大體，聊明其趨勢耳。美國近年來之歷史教授，置重民力之伸縮、工業之消長、學校政府之改良、稅餉之方法、社會各機關，及觀念之發達、宗教之自由、教會與國家之分離、郵政之進步、商業旅行之方法，與夫政治社會之發達與現時國民生活有密切之關係者；並使學生知現在社會之成績，為先世累積之觀念、思想，及能力而來；國民之生長、發達、變遷，均有原因在焉；社會及各種機關之沿革及存在，均有國民之思想及需要存焉（McMurry，Chap. I）。

　　（6）教授歷史之問題。以上列為範圍及宗旨，撮其要點而發為問題曰：何以使兒童適於負擔先世之功業乎？何以使兒童適於利用人類之經驗乎？何以使兒童之思想、感情、意象三者之中，得存有顯明靈活的一幅圖畫，如先世所經過之危險、競爭、災禍、勝利，兒童受之，得若身歷其境乎？例如汽軍之進步、飛機之成功、學校之沿革、大學之存在、製造廠之發達，均由先世之營造而來，當知其所以有今日之地位者，當時曾經多少危險、競爭、災禍，而後始有今日之成績也。總之教授歷史者，所以使兒童明瞭現在所處之政治及社會之景況也（McMurry，Chap. I）。假使吾國學生得知自古至今東西之觀念及社會各種機關之沿革，則彼等即有能力解釋中國所以至今日之地步矣。

　　（7）教授歷史之方法。歷史之範圍甚廣，若一一而教授之，非惟無益於兒童，且將重其無為之擔負，失歷史教授之本旨。故以方法而言，首當注意選擇。不見夫善畫者乎？景中百物，非可一一描寫之；惟擇其合乎畫家之想像者而繪之而已。蓋未繪之先，必有一定之宗旨；然後依此宗旨而擇原料。隨意亂塗，必不足以成名畫也。教授歷史亦然。必先察乎所以教授之宗旨，然後依此而擇史材。本篇前者所論述，分為六條，要之，盡關於此宗旨而已。今請依上列之宗旨，而言選擇史材之方法。

教授歷史者，所以使兒童得先世之經驗，而應其生活之需要也。

以今日兒童所處之社會與國家，而察其需要，假定分配吾國歷史之時期如下：

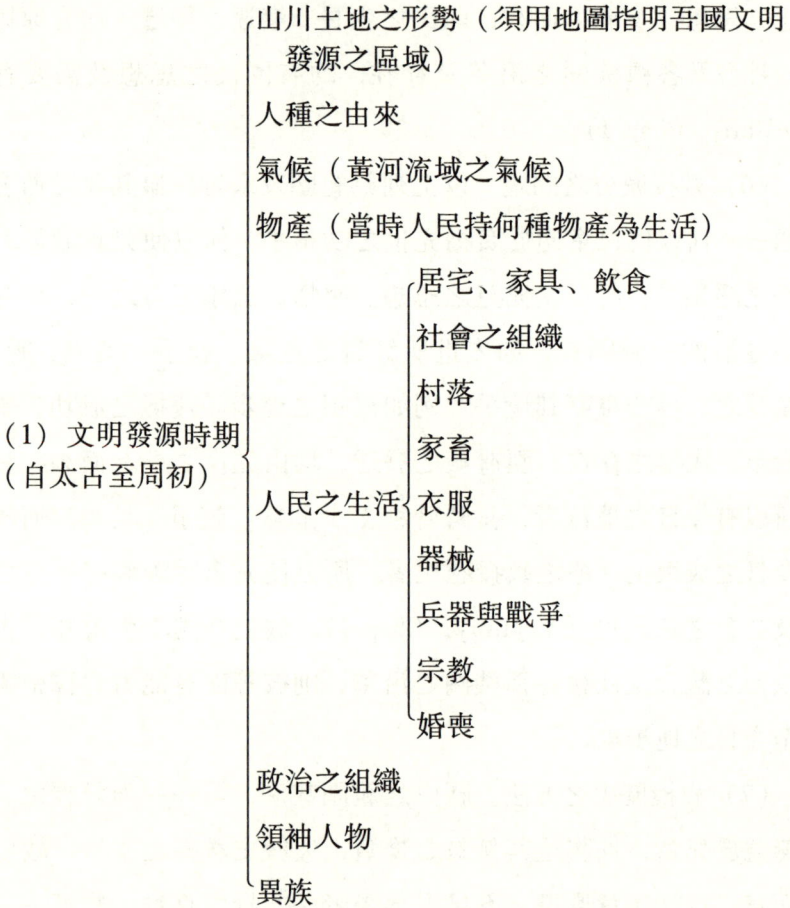

(1) 文明發源時期（自太古至周初）
- 山川土地之形勢（須用地圖指明吾國文明發源之區域）
- 人種之由來
- 氣候（黃河流域之氣候）
- 物產（當時人民持何種物產為生活）
- 人民之生活
  - 居宅、家具、飲食
  - 社會之組織
  - 村落
  - 家畜
  - 衣服
  - 器械
  - 兵器與戰爭
  - 宗教
  - 婚喪
- 政治之組織
- 領袖人物
- 異族

疆土之開拓

南北氣候之不同

田制

物產

人民之生活
- 居宅、家具、飲食
- 社會之組織
- 鄉黨鄰里城邑
- 家畜
- 衣服
- 器械
- 職業
- 宗教
- 婚喪

（2）政治學術發達時期
（自周初至秦）

政治之組織

領袖人物（政治家、兵事家、製造家）

教育

城郭道路

製造及發明

學術

異族

戰爭及兵器

（3）帝政時代
（自秦至清）

- 歷代疆土變遷（於民族消長有關係者）
- 歷代賦稅方法及如何關係人民之生活
- 大戰爭（於民族消長有關係者）與戰械
- 外患
- 城郭、道路、田野、鑛產、魚鹽
- 歷代之聖君賢相
- 政治之組織
- 教育
- 學術及學問家
- 歷代人民生活之變遷
- 起居飲食
- 水災、旱災、荒年、瘟疫、盜賊
- 製造及發明

（4）歐化時代
（自明至今）

- （此期插入世界史）
- 歐化東漸大事
- 通商口岸之開闢
- 西洋學術之輸入及其人物
- 宗教之輸入
- 物質文明之輸入（汽機、鐵道、輪船、電燈、電報、電話……及發明者）
- 政治組織（立法、行政、司法、中央、地方）
- 教育
- 道路、警政、公共衛生
- 賦稅、幣制
- 銀行、製造廠
- 森林、鑛產、鹽政
- 進出口貨
- 西洋居宅
- 通商口岸之生活
- 內地之生活
- 婚喪

```
              ┌ 希臘 （注重美術思想及人民之活動）
              │
              ├ 羅馬 （注重建築、道路及法律）
              │
              ├ 中古 （注重文明滯阻之理由）
              │
              │        ┌ 英 （自治制、商業、海軍）┐  政體
附：世界       │        │                          │
史教略 ────────┤        ├ 德 （陸軍、製造、科學）  │  領袖人物 （政治、實
              │        │                          │      業、發明製造諸家）
              │        ├ 法 （科學、美術）         ┤
              │        │                          │  人民居宅及飲食
              │        ├ 俄 （未闢之富源）         │  交通、實業
              │        │                          │
              │        └ 美 （實業、平民政治）    ┘  商業、學校
              │近世┤
              │        ┌ 諸國何以為世界領袖乎？
              │    問題┤ 現仍蒸蒸日上乎？
              │        └ 其原因安在？
              │
              │        ┌ 雜新以來大事
              │        │ 道路
              └ 日本 ──┤ 交通
                       │ 實業、商業
                       └ 人民生活
```

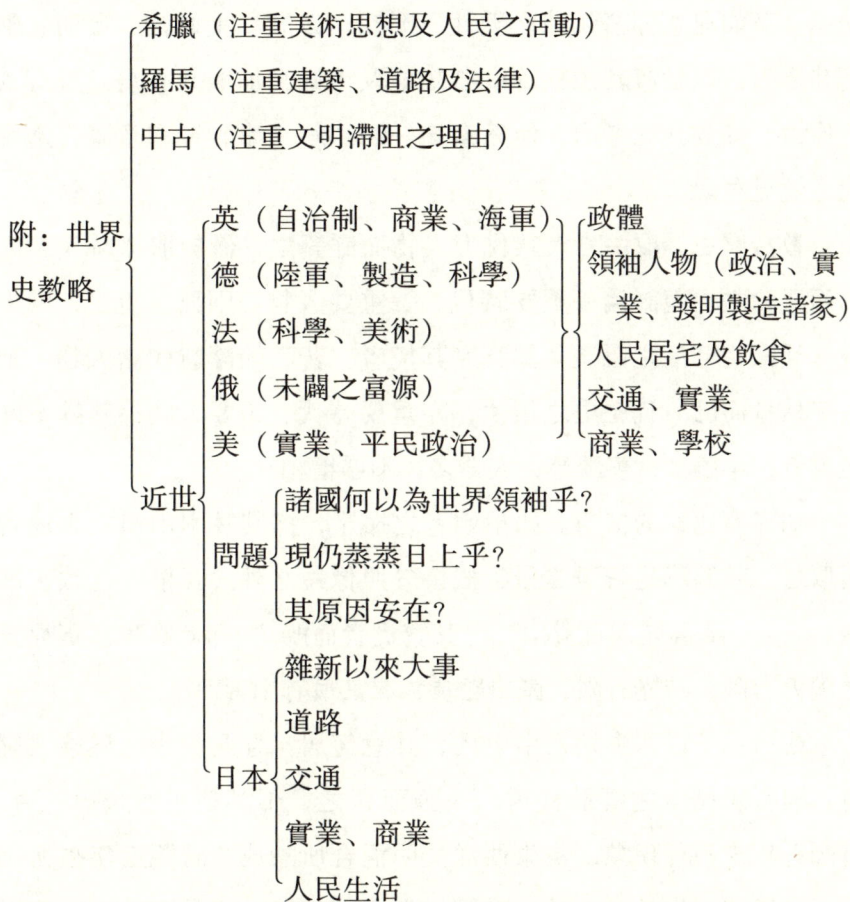

以上所述，不過略示教授歷史之趨向，非敢作完備之列舉也。其中頭緒雖繁，惟貫澈之主義，不過數條而已，即（1）地勢，（2）人民之生活，（3）領袖人物，（4）各時代及各國之特別注意是也。提綱挈領，組成系統，皆有用意存乎其間，已於前半章詳言之矣。

選擇歷史之材料，以授兒童，非易事也。第一，當留意兒童之能力，擇其於兒童現在之生活有關係者教授之。如兒童已習知居宅、衣食、祭祀之事，則以古今中外之居宅、衣食、祭祀等事教授之。又如兒童已習知道路、火車，則授之以道路、火車，並示其重要之

功用。又如兒童仰慕領袖之天性，則授之以歷史上政治、發明、學術諸偉人，以激發其志氣。以已知推及未知，加增其經驗，豐富其想像力，養成其思考力，使兒童知一切環境人事，皆有意義，則歷史之效見矣。

教授歷史，取一二大時代大人物而詳論之，優於取諸時代諸人物而泛論之。蓋詳論一重要時代、一重要人物，則兒童習之，腦中現一種顯明靈活之圖畫，如身歷其境者。若泛論諸時代諸人物，則一架枯骨而已。且歷史之價值，在重要時代、重要人物；其餘不關輕重者，年雖久，事雖繁，人雖多，不過糟粕耳。

知識有比較的價值。如拍照者之攝影，擇其林木山川之秀麗者而取之：其餘不足輕重之景，概擯於照像鏡之外。蘇東坡《致王郎書》云：“讀書如入百寶山，擇其寶貴者而歸。”即此意也。蓋兒童之腦力有限，時光有限，歷史雖長，取其最有用者而已。

或曰：子以西史編入中史內，其意何居？且西史為他種族之經驗，與吾國兒童之經驗甚遠，今強而習之，不其愼乎？余曰：否。吾國近年來種種現象，為東西洋文明混合所釀成。試觀近年來所謂國會、鐵道、學校、市政、建築、音樂等，何一不受西洋之影響而發生者乎？若但講中國史，必不能明現時吾國重要問題之意義。教育部《高等小學令施行細則》（五年一月公布，同年十月修正）云：“本國歷史宜略授黃帝開國之功績，歷代偉人之言行，亞東文化之淵源，民國之建設，與近百年來中外之關係。”所謂略授“近百年來中外之關係”者，若不授西史之重要時代及人物，與乎人民生活、歐美各國特點，其能明之乎？且夫文化者，其產地雖不同，究其極，則皆人類之文化耳。若曰恐兒童之經驗太遠，則周秦間之歷史，如不善教授，其弊同也。苟以兒童之經驗為歸則，人民生活為主題，雖他星球之歷史可教也，況吾國日被影響之西洋史乎？

教授歷史，不可不使兒童存解決問題之態度。人生世上，無論兒童與成人，均有種種問題以待解決。歷史之用意，在取先世之經驗，解決現在之問題。非然者，則歷史與生活離，失其本意矣。

總之，高等小學之所以設歷史科者，在使兒童離校後，略識東西諸大國發達之原因，與夫近時之地位。解決重大問題，雖非所望於兒童，而略識環境人物之意義，凡為國民者，當共具焉。

（七年一月，《教育雜誌》）

第六編　歐戰以後的教育問題

歐戰後世界之思想與教育

教育對於時勢，有兩方面之責任也：一方面為隨時勢而施教育，曰順勢是也；一方面為糾正時勢而施教育，曰變俗是也。

夫學術思想之變遷，有大勢存焉。以吾國而言，周秦諸子之學，研究政治、道德之學也；厥後漢尚訓詁，晉尚清談，宋明尚理學，清代尚考據。以歐西而言，希臘諸子之學，知識自由之學也；厥後羅馬尚實踐，中古尚信仰，文運復興時代尚自由生活，十八世紀尚天然，十九世紀尚科學，二十世紀則科學之效用大著，而事事不能逃科學矣。當其一時代學術之盛行，凡國中思想領袖，必為當時所流行之學術領袖。及時勢變遷時，排眾議，斥舊說，而倡新學者，亦必為國中當時之思想領袖。前者知現在之大勢，得其精神而為大勢之代表。後者能察將來之大勢，得其精神而為大勢之前導。歷史具在，彰彰可考，不待言矣。

學術思想之大勢，即所謂時勢也。凡一派或數派學術思想盛行時，本其精神而定教育之宗旨，並其施行之方法，曰順勢之教育也。凡新學術方起之際，本其精神而定教育之宗旨，並其施行之方法，曰變俗之教育也。

然無論順勢，抑或變俗，教育家必先知當時學術思想之大勢，與夫時代之精神，非此不能談教育也。蓋先有時代之變遷，而後有教育之變遷。故不知時代之大勢而言教育，幻想而已，鑿空而已。

欲論歐戰後教育之趨勢，不當徒以 "教育" 兩字着想，而當以歐戰後世界學術思想之趨勢着想。知世界學術思想之變遷，而後始得知世界教育變遷之真義。不然，徒得其軀殼而已。

歐洲學術思想，戰後將有變動乎？抑無變動乎？如有變動，其方向若何乎？曰歐洲（美洲亦包括在內，因同為歐洲文明也）基本上之學術思想，與往日將無大異也。若謂戰後西洋文明將有基本上的變動，毋乃視數年之戰爭為太重乎？蓋人類自有歷史至今，曾經多少戰爭，未聞因一戰而驟變文明之基礎也。然則將無變乎？曰，將有變也，惟無文明基本上的變更耳。其所變更，在注重點之稍易其地位而已。茲擇其犖犖大者，其要點有：

一曰國家主義以外，將兼及世界主義也。國家主義，根據於愛鄉土之心。人各愛其鄉土，開闢其富源，增進其幸福，實為文明進步之基礎。推而廣之，國民各愛其國家，開闢其富源，增進其幸福，非世界文明進步之基礎乎？故不知愛護其鄉者，不知愛護其國；不知愛護其國者，不知愛護世界。故善用之，國家主義實世界主義之基礎；不善用之，則足以釀無窮之戰禍。此次大戰以後，國家主義將略改其方向；而世界主義，將有萌芽之希望。由此而論戰後之教育，則除訓練愛國心以外，將訓練對於他國表同情之心。除己國歷史、文學以外，將兼及他國之歷史與文學。使青年知人之愛己，亦猶我之愛己；他國之愛其文化，亦猶我國之愛自己的文化。推己及人，減少國民之誤會，世界主義之基礎也。

二曰物質科學以外，將兼及精神科學也。西洋近數十年來之進步，皆歸功於物質科學。然而昔日藉物質科學之功而建設者，今亦以其力而破壞之；藉物質科學之功以養人者，今亦以其力而殺人；

利器之誤用，其禍蓋甚大也。夫物質科學功效之偉大，人人得而知之，而物質科學之殺人，非其罪也，用之者之罪耳。物質科學，不過為促進文明之一方法。文明之宗旨，在發達人類精神上之快樂也。德育也，美感也，皆所以發達人類精神上快樂之具也。由此而論戰後之教育，則學校之課程，科學與道德及美感將並重也。

三曰民權主義占勝勢也。此次大戰之原因，其最重要者，固為國家主義之相衝突。然國家主義中，有帝權與民權之別。德之國家主義，帝權者也。英法之國家主義，民權者也。故以他方面觀之，為帝權與民權之戰爭（中國與日本之加入戰團，其原因盡人皆知，不具論）；而民權之終必得勝，無可疑也（俄國革命為民權主義所醞釀而成）。民權主義之潮流，將橫行全世界而不可遏，此亦可預言者也。由是而言教育，則當注重自動、自治與訓育三者，以養成健全活潑之個人。蓋民權之基礎，在尊敬個人之價值。尊敬個人之價值，而後始足言自治也。

以上所言，為戰後做人立國之久遠問題。然此外猶有一緊急問題存焉。此問題為何？曰即戰時所破壞之各種事業，急須建設而恢復之也。破壞之利器，為物質科學；建設之利器，亦非此不可。由此而言教育，則應用科學，將為學校中之重要功課。蓋恢復戰時所破壞之種種事業，其有賴乎應用科學，重且大也。

（七年五月，《教育雜誌》）

今後世界教育之趨勢

　　大戰方終，創鉅痛深。今後歐美之思想，將易其方向乎？戰前之思想，一國之中，貴族壓制其平民，富人凌駕乎勞動，階級之思想也。國際相接，大者制小，強者凌弱，國家主義之思想也。方歐戰之初起也，國中之階級主義，潛伏蟄息，貴賤貧富，聯袂齊赴前敵。彼操國政者，方喜藉此戰爭，利用平民，共為國家主義而戰。豈意俄民發難，俄皇就戮，強熊俄羅斯之帝國，一敗而不可收拾矣。德皇維廉，喜強鄰之既挫，西陣之勝利，以為一舉滅法，稱雄世界之大夢得以實現。豈意頻年用兵，內亂蠡起，而俯首求和矣。挑國外之戰爭，弭國內之革命，政治家之所認為善策者也。今其結果與希望完全相反對，是乃此次大戰之一大教訓也。歐美思想界受此大打擊，而深思其故，知此中有大原因存焉。夫貴族宣戰，平民殉身於戰場，貴族坐享其利。然而平民之視死如歸者，蓋有二大原因存焉。一曰保護同胞之權利，戰之本義也。欲保權利，願以身殉。二曰迷信。帝權時代，為帝皇而死者榮。國權時代，為國家而死者榮。因有所迷信，故願以身殉。迨時遷勢移，貴族利用人民，以圖一己一黨之私利。及為其所利用者，一旦覺悟，迷信頓去，則倒戈相見矣。德俄兩國，以帝國之權而驅平民戰，故當其迷信未去也，則軍隊橫行，有萬夫不當之勇。及其覺悟，則千萬之壯士，如怯狐而遁逃矣。思想之變遷，其勢力足以左右一國之命運。觀夫強俄狠德之挫敗，其理灼然自明矣。

愛國猶愛家也。當其全家和樂，為子弟者，見家有患難，莫不奮身以救之。若家主專橫，驅子弟以攫取鄰家之物，則為子弟者寧有不叛者耶？此德之所以敗，而英法美之所以勝也。

然前此家主之專橫，子弟不敢抗也，胡為此次戰爭而獨然耶？曰此平民主義發達使然也。俄德之民苦專制久矣。昔日之不敢動者，以有軍隊之壓力故也。今雄兵在外苦戰，國內實力空虛，是與平民以莫大之機會也。醞釀已久，一旦衝動，轟然暴發，莫能阻也。故其勢澎湃，世界各國咸受其衝，而階級制度、國家主義，不能當此猛力之潮流，而傾倒無餘矣。

吾之作此言也，非謂世界今後無國界也。千百年後或能臻此理想世界，若孔子之所謂大同，耶穌之所謂天國者，而今猶未也。然以趨勢而言，平民主義之發達，足以殺軍國主義之勢燄。此吾教育界之所當注意者也。德既敗矣，採德國主義之日本，近亦漸漸覺悟，觀夫東京普通選舉之運動，與夫各報之同聲鼓吹可知矣。又近月以來，日本教育雜誌，對於平民主義，連篇不絕之議論，尤足證日本教育界之感受世界潮流也。若夫美利堅者，固平民主義滋生滋養之地，今其發達，正未有艾也。

吾人平心思之，地球之大，物產之眾，固足以養眾生而有餘，今夫貧家之子，衣不禦寒，食不能飽，而貴族軍閥，復驅之於死地，以求少數人之虛榮厚利，試問當乎不當？

孟子曰，逸居而無教，則近於禽獸。故凡為人類者皆當有教。教何以哉，教為人耳。今之教者，或教之以為兵，或教之以為工，或教之以為農。而不知教之以為人。是以教愈敝，而世事愈不可問矣。夫古代之貴族軍閥之所以能生存者，為其能保民也。然以權利所集，其結果竟至於禍民以自禍，而其教育遂為禍民之教育矣。故貴族軍閥之教育，養成魔鬼而已。

世界之進化，有階級焉。最初為神權，降而為帝權，再降而為國權，由國權而蛻化，則將為人權。介乎帝權與國權之間者，日本是也。介乎國權與人權之間者，英、美、法，是也。然觀夫今日之大勢，將羣趨於一途，而咸以人權為歸。故圖百年之大計者，必以人權為教育之目的。德國近日教育界之覺悟，英國及法國義務教育期限之延長，美國注意鄉村小學之改良，日本國民平民主義之主張，皆受此人權潮流之影響者也。孟子、盧騷、裴斯塔洛齊及福錄培諸哲教育學說之所以經世而不磨者，以其但認有人而不認有階級社會與夫國家主義也。教育云乎哉，行之而得其當，則養成有真價值之人，行之而不得其當，則造成魔鬼。社會之退化，國際之衝突，人類之痛苦，皆此魔鬼教育為之屬階也。

溯自吾國變政以來，八股之科舉敝，改策論，策論之科舉敝，改學校。今學校已成變相之科舉，將何改乎？驅天真爛漫之兒童，而入變相科舉之學校，危乎不危？吾非謂國中無良善之學校也。吾為大多數之學校言之耳。國家之進步，人類之幸福，賴教育平均之發展，少數之良善學校，不足以致此。查先進國之入學人數，占人民總數五之一。據教育部最近報告，吾國入學人數共占人民總數百分之一。卽使吾國所有之學校，盡施適當之教育，而此百一之勢力，能有幾何。平均云乎哉，吾為吾國之社會，抱無窮之隱憂也。

總之，今後世界教育之趨勢，以發達人權為歸。而國中發達人權之教育，當求其平均與普遍。順乎此，則社會進化。逆乎此，則文化凋敝，苟明此道，則教育之方針得以定矣。

（八年三月，《新教育》）

世界大戰後吾國教育之注重點

歐戰開始以來，已經四載。於戎馬倥傯軍書旁午之際，歐美人士，不忘百年樹人之計，對於教育問題，煞心研究，不遺餘力。去前兩年之間，歐美報章，對於戰後教育之進行，論著甚多。而專書論此為余所見聞者，英有伯特來氏（Badley）之《戰後教育》（*Education after the War*），美有地恩氏（Arthur Dean）之《戰時及戰後之學校》（*Our Schools during and after Wartime*），法有彼高氏（Pécaut）之《戰後之學校》（*L' Ecole aprés la guerre*），日本有民友社發行之《戰後之教育》及同文館之《戰後我國（日本）之教育》。回顧吾國，對於此大問題發布言論者，鳳毛麟角，不可多覯。

當今之世，世界潮流之趨勢，無國能逆之。甲國與乙國起重大交涉，而丙丁戊等國，決不能處旁觀地位。是以此次歐戰之初，因俄奧交涉而牽動德法英比諸國，既而及於土耳其，而日本，而意大利，而美利堅，而中國。夫兵，凶器也；雖所不願，無可為力；潮流橫來，莫能倖免。此所以今日之談政治、實業、學術者，不得不察世界之大勢，而為相當之設備。夫教育何獨不然？戰後之教育，實為立國之一大問題，然欲言戰後之教育，不得不先言歐戰之原因及希望戰勝之基本需要。

歐戰之原因，甚為複雜。若歷史、地理、人種之關係，非千百言所可得而盡。今撮其犖犖大者，厥有兩端：一曰經濟之競爭。德國於近數十年來，重科學，講製造，闢商務，其目的在圖經濟之發展。而英國之開闢殖民地，其目的亦在此。英德兩國，各以全力圖經濟之發展。在南美、南非、巴爾幹及亞東諸地，利益之衝突，已日甚一日。識者固早知兩國必有一日而決裂也。德之與俄戰，其目的物在英。英助比、法、俄，其目的物亦在德。故歐戰之初期，為英德兩國經濟之衝突。厥後各國各以利害關係，加入戰團，遂成世界戰局。二曰國家主義之競爭。奧之欲併吞塞爾維亞也，其蓄志已久。塞人殺奧太子，奧將乘機以滅塞。俄以塞為斯拉夫人種，故與奧戰。德以奧為同盟，故與俄戰，又以法與俄同盟，故亦與法戰。德自以武力之足恃，夢想滅法敗俄而雄視世界，英於是不得袖手旁觀矣。德以有精練之軍隊，視世界若無物，苟其戰勝聯軍，則首受其禍者美國也，故美亦不得袖手旁觀矣。歐戰之始也，為國家主義之衝突。連戰三載，而世界思想在煙陣雲霧之中，究莫知其何為而戰。自美加入後，威爾遜始以“為世界求平民主義之安全而戰”（Make the World Safe for Democracy）號召天下，與德皇之條約為“一撮碎紙”（Scraps of paper）相對待。於是國家主義之激戰，轉而為平民主義與武裝主義之激戰矣。

　　將來之結局如何，當以下列三條件為斷。今請為讀者諸君析而言之。

　　世界戰爭結局之條件：一曰經濟之能率。二十世紀為經濟社會。其經濟能力低下之國，在太平世，不足為人民求幸福，在戰爭時，不足為國家實軍備。況近世戰費浩繁，一日之軍費，動以百萬計。經濟能率低下之國，其敗也必矣。美國加入戰團，為德之所畏者，美之經濟力也。故經濟之重要，不待言而自明。二曰個人之能率。

無健全之個人，必無强壯之士卒；無强壯之士卒，其能組識强有力之軍隊乎？美之初入戰團也，議者謂美國向不重軍事訓練，驅一無訓練之國民而與德戰，其前途恐多悲觀。然而今日美軍之在歐洲戰線者，已成德人之勁敵矣。此無他，美國人民素具强偉之體質，獨立之精神，故易於訓練也。三曰社會之進化率。有强健之個人，處不進化的社會，而卒遭大失敗者，俄國是也。有强健之個人，處進化的社會，總統一呼，全國響應，將來必告大功者，美國是也。方美國與德宣戰之時，總統以一紙文告，令全國青年自十九歲至二十九歲者，一律註册，預備入伍，一日之間，而全國青年均往就地各機關註册，無敢不到者。他如全國人民，受政府之忠告而節省食物，學校兒童，種植園地以增加食料，及製作繃帶以助紅十字會，全國實業機關均自願聽政府之調度，以助戰事之進行，其預備之神速，運用之敏捷，殊足令人欽佩，此無他，其社會進化率高故也。有雄偉之經濟，强健之個人，進化之社會，則戰時可制勝勢。平時可求國利民福。故戰後之教育，其目的不外乎求此三者而已。英國國會近來提出一議案，欲延長義務教育之年限，及提倡體育及補習教育。美國有請中央政府提撥美金一萬元，作為推行補習教育、獎勵體育、改良師範學校、延長義務教育之用。法國亦有延長義務教育年限之議。此足為吾人借鑑者也。

依上列三條件而談戰後之教育，吾人所當注意者，以教育行政方面言之，厥有四端；以學校設施方面言之，厥有五端。今請析而言之。

（1）教育行政方面。

①隨地隨時推行義務教育，以促進社會之進化。歐美各國，自實行義務教育以來，社會進化，一日千里，彼猶以為不足，欲延長

其年限。而吾國則虛耗鉅帑，從事國內戰爭，國民教育，視若無足輕重。社會之進化與退化，於此已判，遑云其他？然吾國一旦欲全國實行義務教育，殊非易易。故入手辦法，須隨地隨時，按年進行，先施諸京師及各省會，次及府會及縣會，劃定區域，節節進行。作者於旅行東三省時，見吉林省會，已試辦義務教育，劃省會為若干區，凡居住區內之兒童，必須入學，今其成效卓然可觀。又浙江慈谿山北地方，以滬商虞和德之提倡，由虞氏族中公共主持，凡居住該地方區內之兒童，必須入學，其家甚貧者，由學校每日津貼洋一角，初辦之時，受津貼者約百人，至今祇六七人而已，此虞君之親為作者言者。是隨地隨時，劃分區域，酌量地方情形，興辦義務教育，必非甚難。吉林省會、慈谿山北，足為吾人參考者也。

②隨地隨人施設職業教育、補習教育，以加增經濟之能。率去年美國國會，通過一議案，由國庫提撥鉅款補助各地方之職業學校；逐年加增，八年後，增至美金一千一百萬元；每年由中央政府按地方所出款項之多寡分配（例如地方出百元者，中央補助百元；地方出千元者，中央補助千元，照地方所出之數補助之）。他若英國強迫補習教育之議。德國之推行職業教育，固為各國之先導，今其戰時之經濟力，仗此者正不少。吾國今日民窮財竭，流氓徧野，補救之道，舍職業教育、補習教育，其道末由。試辦之法，可就大都會大商埠中，調查職業狀況，參酌地方需要，設立乙種工商業等學校。惟實習務須注重，其實習時間，至少居校課之半，則紙上談兵之弊，庶幾可免。

③推廣大學及專門教育，以養成倡導社會進化加增經濟能力之領袖。義務教育、補習教育、職業教育，足以增進平民之知識技能，而促社會之進化。然而平民主義，非有領袖為之先導，必難進行。

大學及高等專門教育者，所以養成平民主義之領袖者也。觀英美大學學生，對於戰時之多能犧牲者，可知矣。以我國幅員之廣，人民之衆，而全國國立大學，只北京一處，將何以養成將來之領袖乎？世界各國大學及高等專門學生數，每人口十萬人中，瑞士得二百六十二人，德國一百七十八人，蘇格蘭一百七十三人，美國一百七十一人，英國一百人，奧國九十九人，法國九十人，意大利八十八人，俄國四十四人，中國則七人而已（由民國四年度至五年教育部報告推算而得）。西人嘗謂中國少領袖人物；今受高等教育人數若爾之少，領袖將從何出乎？除出產草莽英雄，如《水滸傳》中之領袖人物外，以今日高等教育之幼稚而論，吾又將何處覓平民主義之領袖乎？

④推廣童子軍以養成自動自助之能力。童子軍非為武裝主義之預備也。其宗旨在使兒童於種種動作多興趣時，導以作種種有益之動作，養成自動自助及助人之習慣。果使吾國懦弱怯後之兒童，加以訓練，而成強毅活潑之兒童，則今日懦弱怯後之國民，他日庶幾蛻變而為強毅活潑之國民乎？

（2）學校施設方面。

①發展個性以養成健全之人格。人格教育，非道德教育之代名詞也，亦非保守遺傳道德之謂也。人格云者，本個人固有之特性，具獨立不移之精神，其蘊也如白玉，其發也如春日，而此特性，此精神，卽所謂人格也（參觀本書第三編之"進化社會的人格教育"。）。此特性，此精神，均為個性分內之物，發展個性，卽所以發展此特性此精神也。欲增進個人之能率，此其一端也。

②注重美感教育、體育以養成健全之個人。美感教育者，所以發展個人優美之感情，卽王陽明所謂唱歌卽所以發揚其意氣之謂也。

西洋人以增進個人之慾望為則，東洋人以抑制個人之慾望為歸。吾國若不採取西洋之文明則已，如欲採取，當以增進個人之慾望為前提。欲增進個人之慾望，則圖畫所以發揚其想像力，舞蹈所以發揚其奮興力，音樂所以發揚其感情：此數者，皆足以養成活潑之個人也。又人類有天生優美之身體，所以寓天生優美之精神也。希臘人有恆言曰"健全之心寓於健全之身"（Mens sana in corpore sano），或譯健全為美麗，則美麗之心，寓於美麗之身矣。蓋希臘人之觀念，美麗者必健全，健全者必美麗，二者不可須臾離也。故欲發揚美感，非有健全之身體不為功。體育者美育之基礎，兩者並進，健全之個人乃成。欲增進個人之能率，此其又一端也。

③注重科學以養成真實正當之知識。近世西洋學術，莫不具科學之精神。科學云者，好求事實，使之證明真理是也。我國思想學術，向不注重系統，故往往以一人之言，前後衝突，東西背馳。欲卻其病，科學其良劑也。欲養成頭腦清楚之國民，科學其聖藥也。又近百年東西洋種種進步，其原因在能制天然力而為人用。科學者，即制天然力唯一之利器也。

④注重職業陶冶以養成生計之觀念。尊重勞動，為歐美經濟發展之基礎，二十世紀工業社會之柱石也。兒童求學，除訓練其思想、技能、身體外，須養成其勞動之習慣。德國教育部於千九百十二年（民國元年）發一通告云："公家學校中大半學生，未受工作之教育，故兒童對於勞動之興趣，甚為薄弱，勤勞之習慣，漸漸消滅。此非但大城市中之學校為然，國中多數之學校，大都若是。是以手工業中，多抱乏良徒之歎，工業界中，缺乏有技能之工人……故訓練勤勞，為工業社會之所必需。工人受訓練，則社會始獲種種新發明之利器，而德國得操勝勢於世界商業競爭之場矣……"吾國今日

之情形，能勞動者，不受教育，受教育者，不能勞動，甚至輕視職業，以不作工為高。則學校愈多，而遊民亦愈衆矣。職業陶冶者，所以養成尊重勞動之精神，而為世界工業競爭之基礎也。

⑤注重公民訓練以養成平民政治之精神，為服務國家及社會之基礎。由健全之個人，組織進化的社會。進化的社會，還以養成健全之個人。個人與社會，實為一有機體。凡訓練個人以服務國家及社會者，曰公民訓練。學生自治團也，學校服務團也，公民團也，童子軍也，皆所以訓練公民之方也。欲解決將來政治上之問題，使我國達到完滿平民政治之目的者，當於今日之學校開其端也。

（七年十月，《教育雜誌》）

歐戰後英國之教育

（英國 J. H. Badley 原著）

第一章　導　言

　　戰後建設之當預備——戰後之建設，已成為吾儕之口頭禪矣。現在全國之力，方集中於戰事，吾儕固尚無暇時以從事種種之改革，然凡事豫則立，戰後建設之預備，其亦為吾人所當注意者也。戰事初期之疑慮，現在可以消除，而將來之結果，已有積極之希望，因此不得不思及將來之建設問題。且歐戰之停止，或將如迅雷之不及掩耳，猶戰事初起之速者，吾儕可無先期籌劃以應日後之要需乎？地圖之改變，疆界之重訂，使和議得以持久，固為政治家之事。然吾儕得以協助其進行者有二方法焉：一曰消極之協助，不為無謂之議論或舉動，阻礙政府之政策是也。一曰積極之協助，盡吾所能，研究國際經濟、政治諸問題，釀造健全之輿論，維持英國所以參與戰事之宗旨是也。抑猶有進者，吾儕於注意和議以外，當從事新英國之建設。使英國之思想與習慣，適應於戰後之新世界，不然和約一定，吾儕卽忘卻往時之痛苦，而回復昔日之舊習慣矣。

　　恢復損失勿忘經驗——戰爭之損失固當然恢復，然戰時所得有益之經驗亦當保存之。數年以來，使吾儕觀察經濟及社會種種問題之眼光為之一變，艱難痛苦，以應時勢之要求；此中所得之經驗，當永記勿忘。時機將至，當利用之。向者吾儕因迫於戰爭，集全國之力而從事組織，以應戰事之需要。自今日起，吾儕又當從事組織以應持久和平之需要。

利用時機之不可緩——戰爭之損失，吾儕不得不恢復之。因戰爭而察覺之弱點，吾儕不得不補救之。惟圖恢復補救與夫思想社會之變更，則英國改革之時機至矣。國家之精神因戰而振，改革之心願因戰而固。未戰以前，吾儕昏夢度日，自安其愚，非惟不知戰之將至，且不知和平時之需要也。迨戰禍橫加，始知向日之苟安為非計，對於政治、工業、社會諸問題，向日以為不足輕重者，今知其急待解決矣。臨千仞之深淵，始窺前途之危險，吾儕惟知用全力以逃避之，迨離淵漸遠，則復忘之。國家大計，當圖久遠。吾儕不當徒知盡力以為戰，當更極吾力以為和議成後圖久遠之事功也。

教育之能力——一國之需要，固不能以短促之時間而盡應之；考察試驗，必積累世之功，而後始有成效。吾儕所可為力者，惟肇其端而已。發榮滋長，須待來世之人。然彼等之能力如何，當視吾輩預備之方法如何。將來建設之實功，操於現在兒童之掌握中。彼等成人後，能否建設偉業，在視吾儕所設施之教育為何如耳。故將來國民之事業，尤藉現今之名相良將、賢父慈母、賢師為之立其基。吾儕所為者，非惟有關英國之前途，將來世界之和平，亦有藉乎此。歐洲聯邦或世界聯邦之制度，以現時吾輩眼光視之，固若蜃樓海市，徒抱幻想，然推諸將來，亦非不可能之事。吾輩施行教育，不可不於此著想。世界之命運懸於教育，故於一切之教育制度及方法，當洞察精微，使確具實行之效能，而於教育之精神與宗旨，尤當三致意焉。自襁褓而至大學，吾輩當改良方法，改定標準，往日苟且敷衍以國家之命運付託於所謂"國民性"三字，一若但持"國民性"，國家困難問題即得藉以解決者。今則此種觀念，自當掃除淨盡。吾輩之所能使兒童受適當之教育，為建設戰後新世界之預備。德國教育之成績，足為吾儕借鑑者；彼以教育之力納全國國力於一軌，使向其所定之國家方針，一致進行。惟以其方針謬誤，終至貽禍國家，擾亂世界，然而教育之能力於此可見。或求善，或為惡，在吾儕自擇之。假使吾儕以德國洞察精微之習慣、信仰、教育之精神，施於英國之教育，別定標準，另求宗旨，則世界之幸福，正有賴乎是矣。

對於教育之標準及精神之獻議——若此次大戰所經之憂患痛苦，使吾儕得知教育之足以釀彌天大禍。以其能力而論，則教育對於國家之重要不言而喻。故吾儕當極其所能，使教育為全國之教育，設施推行，至於其極。進行大概須有一定方向，乘此戰爭機會，實行改革教育，則此次所受之損失，焉知非若塞翁之失馬歟？敢陳之意見，聊獻芻蕘。

教育之異義——教育兩字，意義不同。以教育為命名，而各人心目中之見解不同。報章議院之言教育，則統計也，預算也，宗教之激戰也。小學教員終日以教科忙，故其言教育，則易入時間表、課程表、課堂訓練之窠臼也。教育局之言教育，則組織也，學校制度也，課程標準也。教育家之言教育，以廣義言之，則訓練各個之兒童，使得受享完全之生活，發展兒童所蘊蓄之能力，使身心人格，發達至其極。

教育之兩方面——教育有兩方面：曰國家的，曰個人的。以國家教育而論，如吾儕希望來世之人，有建設之能力，盡偉大國民所應盡之義務，吾儕必將英國之教育推廣而改良之。惟以此問題之複雜與根本上之關係言，決非可草率從事，必具政治家之眼光，教育家之經驗與哲理，使教育之宏旨，不為瑣屑小事所抹煞。作者不敏，不足以語是，惟竭其綿力，略舉所知而已。

教育非僅限於應工業或社會之需要——教育之宏旨，非僅僅應職業或實用之要求而已。兩者之需要，為時勢所要求，其當注意，固不待言。但進而言之，以教育為應社會各階級之需要，亦未盡適當。吾儕不當但以將來之工人視兒童；更進而言之，吾儕亦不當但以將來之公民視兒童。

教育當發展天生完美之個性——夫兒童之當有職業，與夫成一有用之公民固也。然此猶未足也，吾儕當思兒童為一人，具有生命，除職業公民資格外，其所需正多也。關於個人教育之問題，如知識、訓練、思想、人格及受教育之機會，此皆與國家教育之問題同。其所不同者，為兩者之用意而已。蓋一則在利用全國之能力為國家服務，一則在求個人之發展與其幸福也。以狹義言之：則二者似大相逕庭，以廣義言之，則實相成而不相背也。何則？國民個人之幸福與其能力發展之圓滿，實為國家寶貴之資產也。教師苟能以其全力發展兒童之個性，豐富其生活，尊貴其人格，因此而為國家有用之材，則彼為教師者為國家盡力不少矣。教育當以國家之標準為歸，如以體、智、德三者為基礎，建一偉大之國家，有偉大之實業與商務及適當之國防等是。然發展個人而至其極，當為國家之一重要標準也。國家偉業之最後基礎，實為由教育系統所產出之男女國民，而教育之價值，尤賴乎國家之精神。蓋教育之生氣勃發，實由此活潑之精神醞釀而成。男女國民之人生觀，及其所見生命之價值，與夫對於形上形下諸物之態度，及其自治程度之高下，實為左右國家命運之原動力也。

教育之精神與正的——以上所言，為教育之正的及所希望之結果也。他若設立機關，使人享求學之便利，或從事功課適當之分配，或做有生產力的功夫，雖皆為教育之要圖，惟不可窺管自足，而忘卻管外尚有更大之天存焉。喚醒兒童之興趣，養成思想之習慣，推行適當之訓練，激發兒童之感情與意志，此為教育之精神。無論何種教育之計劃，皆當以此活潑之精神為先導，使萬事有蓬蓬勃勃之生氣，教育之正的，其在斯乎！

第二章　國家教育

（一）推廣教育

第一之需要為推廣教育——推廣英國之教育，為現今之要圖；人人知之，固不待詳論而明。無論以應用主義或以理想主義言之，推廣教育之需要，固不容稍緩。英國若不願長保為世界領袖國則已，若欲久遠為世界之領袖，則多數國民必受有適當之教育，然後能共負解決世界問題之責任。況吾英國以民權自治為政治之原理，則達此原理之方法，舍教育其末由。若以應用方面言之，英國如欲長保為工藝商業之前進國，則大多數之勞動者必受工商教育。此次戰爭所得之經驗，已足以使吾儕之自悟。雖然，推廣教育之用意，固夫人而知之，推廣教育之方法，可得而聞歟？

推廣教育之三方法——推廣教育云者：加增教育之容量，定最低限度之標準，一也。擴充教育之機會，使人易得最低限度以上之教育，二也。然大多數國民，以限於生活之狀況，國家雖設教育兒童之學校，而彼等實乏機會以受初級以上之教育，故為大多數國民著想，推廣教育之方有三：一曰，延長強迫教育之學年；二曰，擴充補習及工藝學校之系統，使初級卒業後入職業之青年，得補習各種學藝；三曰，擴充升學之階梯，使受初等教育者易入中等學校，而達大學。今請為讀者言其詳。

強迫教育至十八歲——以英國現在教育情形而論，大多數兒童之入初級學校者，年達十四歲時其受教育之機會中止（大多數之兒童，卽將來大多數之國民也）。且更有速於是者，因兒童之聰穎過人進業較速者，往往未達十四歲而得退學之准許狀，故有十二歲而得退學之許可者。是種兒童正宜多受教育，而幼年中輟，不其可惜乎！兒童離校後，無論其所受何種職業之經驗，而幼年男女正在發育之際，乃停止其知識、身體、品格之訓練，使其將來之成功，付於不可知之手，危乎殆矣！卽以體力而論，男童正在發育之際，使之工作而阻其滋長之體力；女童以求區區之工資，終日忙碌於工廠之中或家庭之內，使弱其體力，將來成母，禍及子孫；靑年男女，旣乏教育之指導，則擇友必不知其方，游息必不得其道，苟不幸而得無賴以為友，不正當之遊戲以為休息之具，則終身受其禍矣。此不特個人受其禍，國家亦受其禍也。故不行強迫教育而使靑年兒童作工，可謂天下之至愚，將貽國家莫大之後患者也。若以社會而論，則多一失學之人，卽增一乏技能的工人。若強迫教育之期不延長，則多數人不得享適當之教育，是使多數人為乏技能的工人也。消耗國民之能力，莫此為甚。而個人之受其害，更不必論矣。

半工半學——無論據何理由立言，學年之延長，不容稍緩。或謂強迫學年，可延長至十六歲，其辦法有二：（1）在小學加長年限。（2）十四歲後入高級學校或中學二三年。以前者言，則小學必驟增種種困難問題，改組殊非易易。以後者言，則學生之入中學，不過為一種程式，無甚實效。故吾儕當主張一種根本改革之制度，強迫學年須延長至十八歲，惟十四歲後得半工半學，限制作工之時間，使無礙於學，取締操工之性質，使無礙於衛生。若學生之聰穎過人者，當送入中學。至十八歲後（至早十六歲），始令半工半學，以半日操有技能之職業，以餘時入特殊工藝學校學習。

十四歲後入補習學校——凡十四歲至十八歲之兒童，不能完全受學，而必須半工半學者，則入補習學校。無論城鄉市鎮，均須設立。其每週入學時間，亦須規定，以大概言之，每星期以一半之時間入學（約二十四小時），內至少以十二小時為智育，餘為體育。若其工作之場為室內空氣不甚佳者，當使之戶外遊戲。補習學校不宜授夜課，因終日工作，身心交疲，必無餘力從事學習也。補習學校宗旨，不當偏重應用，蓋學生既在外工作，與實踐生活磨練，應用方面，不患其不足。故當兼重品格之訓練，以助其個人之發展也。

或入工藝學校——預備程度較高而欲入專技之職業者，當使之入工藝學校。其課程當與地方之實業相聯貫。入學生徒年當在十六歲以上。蓋十六歲以下之兒童，雖受專技教育，而無甚效果，此已為一班教育家所公認者。青年之人，知識未廣，經驗未足，其決斷視察之力，往往薄弱，而於將來究操何種職業，尤無定志，故自十四歲至十六歲之間（十四歲之末，十五歲之始，至十六歲之末，計二年）當受一種中等教育。自十七歲之始，至十八歲之末，則半日操工，半日入工藝學校，其課程除專技訓練外，當授以知識、品格、體力之訓練，俾思想與專技並進。

有力深造者十二歲入中學——他若力足以入高等教育機關，而求高等學術或專門學問者，則當設各種中學校以為預備之地。凡此種學生，須於十二歲時入中等學校。英國各種中學校，皆有特長，故可並立於國家學制之中，惟均須受政府之觀察，各中學之課程、組織、聲譽，任何不同，均須有廣大之訓練基礎，不可過於狹窄，致縮小學生處事之眼光。且中學之數不宜太少，當以能容國中之求學之人數為度，不必拘於考試，當以學生所有之成績及教員之評斷為定。

改良學制使易於升學——凡學生之有能力者，當使其易得受教育之機會，俾一國青年之能力，不致因乏教育而廢棄。由是言之，自小學而至大學，凡困於經濟而不能求學者，當免一切費用。由小學而入補習學校或工藝學校為國民求學之一途，由中學而入大學又為一途，各量其力而入之，惟無論由何途而求學，均當免費。夫如是始得達教育機會均等主義，中學與大學之免費，可以考試定之，小學與補習學校等均一律免費（中學卒業考試，可分兩種：一種為及格考試，凡及格者均得入大學；一種為名譽考試，凡得名譽獎者，入大學後得免費。若家計尤窘者，另給津貼若干）。

推廣大學——上所述者，果已完全實行，則現存之大學，其設備須大加推廣。大學生活須更趨於平民的一方面。且當以人口為比率，添設大學，以此比率而論英國大學之數，尚大落他國後。然將來必有覺悟之日，知高等教育不當徒為高等學藝而設，且將應工商業之需要也。英國學者對於此計劃之表同情者，日益增加，其困難問題，不在經費而在一時難得如許之教授與校舍耳。

世界各國大學學生數與人口比較，瑞士第一，德次之，蘇格蘭又次之，其次為美，為比，為瑞典，為英國。茲將各國每人口十萬人中之入大學（高等專門附）人數列表於後：

國家名	數量	國家名	數量
瑞士	262	丹麥	97
德國	178	法國	90
蘇格蘭	173	荷蘭	90
美國	171	意大利	88
比國	142	英國（指本島）	74
瑞典	114	瑙威	74
英國（指帝國）	100	俄國	44
奧國	99		

經費問題——如補習學校、中學、大學，既設免費，復加推廣，則教育經費必大增加。不獨推廣已也，且將從事改良，如加添校中設備，聘請曾受優美訓練之教員，採取小班制，以及其他種種。然推廣改良，兩者同時並進。則國家教育歲費項下，必較往昔增加數倍。戰事方罷，債積如山，國家以還償國債，疲於奔命，且戰事所遭種種損失，急須補償，又何有餘力以籌劃此驟增數倍之教育費乎？曰：此言誠然。然戰後之要需，其有甚於教育者乎？兩年之戰，英國所費之鉅，已足令人驚愕。以此而論，無論何事，吾英國苟一旦有其決心，天下事無不可為也。若吾儕決以推廣改良教育為戰後之急圖，英國必有籌款之能力，可無疑也。一星期之戰費，足以補給新教育之歲費矣。昔時用之於破壞者，今得用之於無上之建設矣。將來社會生產力加增，其取償必有加於其值數倍也。

（二）改良教育

第二之需要為改良教育——推廣教育，為國家之要圖，前已言之矣，然猶未足也。延長學年，廣設強迫補習學校，擴張中學大學諸計畫，雖甚要者，然猶未足盡應英國教育之需要。若吾儕希望推廣教育圓滿之效果，則當增高各種學校之程度，卽所謂改良教育是也。如改良教法；重組教科；實施訓練；使目的精神兩者，貫澈於教育全部，俾於教育之真價值得適當之標準焉。

加添科學：第一問題為科學之性質，吾儕嘗聞教育界之通論，謂教科之中當加添科學，如化學、工程兩者，戰時為國家制勝之要具，平時為人民安居樂業之基礎，故當以教育之全力注重之。注重近世各國語言文字：化學與工程而外，則有以各國近世文字為教育中之重要科目者；謂近世文字，為推廣商務之利器。英國人民，以昧於各國語言，與其人民特性，故商業競爭，動落人後。以上兩說，一重科學，一重各國語言。其注重點雖不同，而其改良教育之用意同也。其用意維何？曰：主張教育須重實用以適應近世生活之需要，並反對舊教育之偏重古文學是也。減少古代文學：對於科學與近世文字之呼聲所以日高者，蓋有原因存乎其間也。主張古文學派之競爭激烈，惟老派之勢近已大衰，雖於中學大學之中，彼輩猶築壘固守，而新派之勢已足凌駕其上。夫以拉丁為求知識與訓練唯一之途，固已久矣。雖其效用之處，不可厚非，而大多數之國民，實乏暇晷從事此種訓練。故吾儕必思有以代替之者，拉丁、希臘文字誠為智育之要科，然其範圍太狹，吾儕當以他種學科以補不足。以大多國民而論，智育之要器不在拉丁、希臘文字，而在他學科也。由是言之：科學與近世文字之呼聲日高，不亦宜乎？

科學為教育之一重要部份——無論以開闢富源而言，或以科學之知識與方法求各種工作之效能而言，或以之為解決種種問題而言，科學價值之大而其效用之深，人人知之。若夫制勝天力，利用厚生，或農鑛，或製造，更非科學不為功。況現今世界機械之用甚廣，日常要需，無一不藉機械。吾儕得弗略知其構造與用法以享機械之利益乎？更進而言之，現今世界之思想與科學觀念有密切之關係，吾儕得弗略知科學之方法與發明以與近世思想相調和乎？他種學科之孰急孰緩，今姑勿深考，而科學之在各教科中，必占一重大位置，無可疑也。

近世各國語言文字之重要——至於近世各國語言文字，亦當居重要地位。蓋方今之世，萬國交通，通商交好，天涯比鄰，如不識其語言文字，則彼此易起誤會，故近世語言文字之學，足以和洽各國感情，而為免除將來爭端最善之法也。

教育不可拘於應用一方面——雖然吾儕於一方面固當承認科學與近世文字之重要，而他方面不可藉排斥非應用的各科，以表示應用之要，亦不可對於不急應用之諸科，視為絕無價值。一般注重科學與近世文字諸人，大聲疾呼，固以開闢富源，振興實業，發展工廠，推廣商務為要圖，其理由之當，不待辨而自明。教育而不知此數事之重要，或知為重要而不予以適當之位置，則國家人民咸受其殃。然若視之過重，以此為教育唯一之宗旨，而以工商業之盛衰判教育之價值，則貽禍國家人民，亦非淺鮮。蓋學校非專為養成工人而設，教育第一之要旨，非在養成一般良工巧商而已。蓋尚有尤要者存焉。

尚須養成適當之理想與觀念——吾儕欲得科學或商業或他種訓練之真價值，則當虛心受教，歡迎新思想與具判別之能力。英國對於此種要點，甚形缺乏。經此次戰事之艱難，吾人已稍稍自覺，虛心受教，歡迎新觀念與乎具解決問題之思力諸點，皆為吾儕之要需。非獨思想家、發明家及國中領袖人物當具此種能力，即一般平民均當具之。吾儕如不忘此諸點，則自不致陷入偏重應用之迷途矣。養成一好工人，過重應用，猶不可以為滿足，況養成一好國民及好人乎？故於應用主義以外，吾儕尚需受文化教育，如歷史、文學、美術等，以養成適當之理想與觀念。

　　養生之具與人生之價值——吾儕於"職業"與"理想"教育，"科學"與"古文學"衝突之聲，聞之耳熟矣。然吾儕當知教育者，非僅限於兒童之一部份，或僅預備某種應用生活，更在發展兒童之全體，預備一生之需要，斯則教育之本旨矣。卽以智育而論，吾儕當知心之運用，其道有二，心之所注，其物亦有二，或運吾心於物質世界之物與力，或運吾心於精神世界之觀念與感覺。物質世界之物與力，為吾人所藉以生活者；精神世界之觀念與感覺，為吾人所藉以定生活之方針者。教育當兼顧二者，制物馭力，所以利養生之具也。審察人生價值，所以明人生之真義也。養生、明生兩者實相成而不相背。明斯道者而後可與言教育矣。

（三）教育關於人生之全部

　　然則吾儕之所需者，為一廣義之教育。廣義之教育維何？教育者，非僅為養成良工、善賈、兵士、學者而已。其宏旨所在，為養成一完善之生活，而建具豐富活潑之精神。無論以國家或個人立論，教育最後之目的，在增進人類之各種幸福也。達到完善之生活，為社會各種組織與人生各種活動之主旨也。無論戰爭或商務，政府或學校，其最後之宗旨，亦不外乎此而已。組織教育系統，使人人得機會之均等，此以國家方面而言教育也。使兒童發展其固有之能力而至其極，此以個人方面而言教育也。吾輩不當以校中功課為教育之前提，而當以人生為前提。然兒童大半之時光，在家庭而不在學校，故改良家庭，為教育之一大部份。近年以來，工業日盛，社會之生計因之而變，家庭勢力日形削弱。上等社會，日趨奢侈，花天酒地，尋樂於跳舞廳，驅馳於娛樂場之中，兒童之得家庭教育者實鮮。

學校之責任——夫家庭教育之勢力既薄，不得不求學校教育以補足之，學校之責任，遂因之而加重。多數兒童之完全教育，不得不求之於學校，而學校遂不得不施以完全之訓練。凡兒童之一切活動能力，均待學校以發展，兒童之活動能力，用之則強，不用則衰，故欲發展學生之活動能力，惟在學校善用之。何謂善用？曰：教育對於兒童必立於自動之地位，兒童之視教育為一種自動勢力方可。自動云者，激刺兒童之活動力，而使運用其體心感情之能力是也。教育兒童，不當徒以將來之應用為歸的。蓋過重將來之應用，則現在一切之活動能力，反不能發動，幼時之發育，一受阻力，成人後必受其禍也。故兒童在學校時，當以兒童現時之生活為生活，使享受身心活動之快樂，學校造成一種環境，使學生居其中得豐滿之刺激，並授以利用兒童生活之智識，親友愛羣之訓練，然後以兒童實踐之生活，而求身心品格之發達，教育之要點，其在斯歟？

（1）身體之康健與敏捷——一曰體力之發展也，若教育而極其所能，僅足為兒童發展其體力以求康健與夫敏捷者，則其設備雖完，組織雖美，無甚價值之足言也。保護康健，必經醫生之檢查，而調護其身體之缺點，然此猶未足也。建築康健之基礎，較治病為尤要也。如授課與游息時間之配置，睡眠之適度，食物與體操之合宜，好習慣之養成，均當注意者也。此猶未足也。學校當使兒童了解所以保康健之道，庶免行而不知其意之弊。他如保護發育，使勿濫肆戕傷，尤當注意。蓋男女兒童正在發育之際，若一入迷途，不可救藥，故當善為解釋勸導，使心知其意。若祕而不宣，愈啓其好奇之心，故學校中當循循善誘，使青年男女，明知男女之道，而終身對於此事，得正當之見解，康健之要道也。不然，則校中體育工夫，半將消耗於無用之地；其甚者，且終身受其禍也。

體力——欲求身體之康健與敏捷，當行一種瑞典式的體操，勿徒習一種機械的操法，絕無精神存乎其間，蓋機械的訓練，對於心育為不宜，對於體育亦不宜也。徒授體操，猶未足也。蓋遊戲運動，其益較體操為大，況英國最重視之"Sportsmanship"（譯意為正義的奮勇主義）非自遊戲運動而來乎？（按英美兩國甚重遊戲運動，如足球、網球、野外擊球等，除增進體力外，甚重遊戲道德。"Play square"或"Fair play"["遊戲要方正"或"公平的遊戲"] 等字樣，成為一種處世交友之成語，有美國友人某君，嘗謂譯者曰"余之處世交友，好公平正義，得之於打網球者也。"）

敏捷——無論求身體之康健，或求身體之敏捷，手工一科，決不可少。室內室外，須兼備之。英國近年來談手工之重要者雖多，而於學校中之施設猶未足也。意大利蒙台梭利女士，重官覺之訓練，倡蒙氏教育術，其功甚偉；訓練官覺，使心與肌肉之運用相聯貫，為用甚廣。無論為專門學問，為工藝，為家庭，心手之相應，實為成功之基礎。世有得之於心而不能行於手者矣，有行之於手而心不知其義者矣，皆因心手之運用不相接也。由是觀之，手工訓練，實有關乎體育與智育二者。

（2）心與思考及感情——今以智育言之，思考及感情，均須如體育之注重訓練。科學、算學、語言、文字為訓練思考之材料。歷史、文學、美術為訓練感情之材料也。各種訓練，皆須以兒童自己之活動為基礎。教授云者，非僅對兒童談講而已，蓋將助兒童之自助也。興趣、智慧、自動三者，為自助之所必需，無論為職業上之應用，或為工藝上之知識，此三者之重要同也。苟以此為基礎，則無論所習之學科為農、為工、為商將來之成效必大。學生之習專科者，非年至十六歲不可，若太早反阻其進步而已。

（3）品格與訓練——除求身心之健全外，以健全之教育而論，須留意道德之發育，及其健全而訓練其品格與意志，此種訓練，尤當以實驗為主。徒事講解，為效甚淺。學校當局與學生以適當之機會，使得受種種道德經驗，而以自制為歸的，先施之以規則。規則，外也；然藉此得制其有害之動作，而使有益之動作得以進步。陶冶訓練，使漸臻自制。自制，內也；故規則者，末也，權也；自制者，本也，經也。其次則為學生自治，課堂工場雖為訓練之地，而學校中他種動作正多，若不與學生以自治之責任，則所失多矣。

學生自治——運動場為學生練習之善地，固不待論也。其餘如游藝會、文藝會、辨論會及其他種種組織，公舉職員，公推幹事，為各種活動之指導，均為習練自治之要道。品格之不能強造，猶天才也；吾儕但能與學生以自治自由之機會，使其品格得自然之發展耳。

服務社會——教育之最有價值者，在使善行成為習慣，故學校中當使兒童有服務社會之習慣。蓋服務社會為愛國之基礎，而直接教授愛國心，殊非易易，若先使具服務地方之自覺心擴充廣大，庶得達於愛國。

總之個人與社會並重，庶為教育之正道。兒童之知識，往往從摹仿與受共同之激刺而來，而共同解決公共問題之經驗，尤為有價值之知識。然而人各具個性，不可強同，吾儕教育人，當認明個人之興趣與能力各有差異，而施以各個的教育。若視學生如羣羊，以繩執一之教規，則大謬矣。吾儕之對於教育，不當以機械的訓練法而外鑠之，教育之正軌在助兒童內部發長之生意，使能適應環境之勢力，以利用人生之機會也。

（四）教育與尋常學校

　　教育之大旨，吾儕已撮其要而言之矣。然如何以此標準而施諸學校課程，此所願與讀者一商榷焉。惟今篇幅有限，亦僅能論其大概，請分兩方面言之。一則為小學與補習學校，一則為中學與大學。（注：英國學制，小學與中學分兩種系統，成並列制。小學與職業學校自成一系統，無力入中學者入之。中學與大學又自成一系統，養成社會之領袖人材者也，中等社會以上者入之。歐洲學制，普通如此，非若中國學制之由小學而中學而大學成一貫也。）

　　初級教育——初級之解釋有二：凡欲入中學者，其初級教育時期，則自幼稚時代至十一或十二歲，其不入中學者至十四歲。故初級教育包含兩期，設立兩種學校，以應其需要，一為幼稚園，一為小學本部。

　　第一期幼稚園——第一期為幼稚園時期；幼稚教育之究宜強迫與否，與夫以何時為始期，此當以地方情形、家庭狀況、父母志願為斷，不可以一例論也。若以城市中之貧苦區域而論，強迫幼稚教育，愈早愈妙；若以鄉間而論，學校往往離家太遠，往返不便，幼稚教育可不必強迫，或延遲其始期亦可。自幼稚園以入小學之期，亦當體察特殊情形而定。七歲左右，似最合宜。若幼稚園與小學同在一校，升校之期以教員之意思行之可矣，不必執定期限。幼稚園不當設通常式之課堂，如教案、坐椅；排列成序是也。亦不當教授正式之課程，如一師施教，全班共習是也。課堂中須空氣流通，裝飾新鮮花菓草木，以悅其目。年尤幼者，給以多種簡單之玩具，使從遊戲而得教育。如蒙台梭利教具，甚為適用。小兒於玩耍之際，自得無意中而受官覺之訓練。幼稚園之目的，不在灌輸知識而在保護發育，故發展身心之能力，喚醒興趣智慧，則幼稚園之主旨也。故兒童之康健，須特注意食物之適宜、起居之清潔，與夫眼與齒之檢查，凡種種保護兒童衛生之舉，切須商酌校醫，共同推行。他如房間之打掃，玩物之安排，亦為訓練所必需。至遊戲、唱歌、跳舞等，更不可少。年稍長者，則以所授之故事演成簡單之戲劇。又如用色團泥、畫圖、講故事等，均為涵養想像力之善法。最後授以花木鳥獸之類，養成其愛天然之心。至七歲始可略授課程。

園中兒童，須各隨其個性所欲，予以適當之遊戲，不可視之如羣羊，事事歸一律也。

第二期——第二期為小學校時期。以七歲為始。吾儕言及"小學校"三字，心目中遂喚起一種想像，卽見一班兒童終日坐於課堂之內，受規定的書本教育，教員問，學生答，此外無餘事矣。若爾者，則非吾儕所欲言之小學校也。須知此時所授與之知識，較諸兒童所宜授之直觀教育，為量甚微，不足供兒童將來之應用。惟此用心之習慣，實足為將來求學之基礎。蓋校中所受各種知識，充塞於兒童之記憶中者，離校後大半棄置於腦外。其所留存者，惟因自己興趣所尋得之事物，或因日踐而成之習慣，與夫對於知識之態度，及求知識之方法耳。

是以對於小學之教科，與其重視某種某種課程之若干，孰若以康健智慧為前提，輔之以極普通之科學，足為思想之機械者，運之以簡單之工具，足以養成用手之習慣者；心手相應，以作生產之工夫，以求有用之知識，欣然從事，樂而不倦，則庶幾乎其可矣。兒童小學教育，至十四歲而止，以此短促時間，必不能施完全教育。若繼續入高級學校，則現在所授者，日後收其效果。雖然吾儕不當

但以將來之效果定今日之功課，在兒童視之，小學時期固為一完全
無缺之時期也；故當審察兒童趨向之所在，而施以彼所欲受之教育，
俾於此時期最盛之感情得發洩之愉快，且引其感情於正當之軌道中，
實為眞切之教育也。由斯觀之，校中之功課當取自動而舍灌注，學
校之設備不當徒事課堂與操場而已，校舍諸室須以最簡單之裝置，
設各工廠、各試驗室，及廚房、操場，及聚會室等，並當設一圖書
室，俾兒童入內觀覽書籍，而學校園則尤不可少。兒童須教以作校
內大部份之工，如灑掃校舍、預備餐室、購買物件、登記賬簿、管
理校園、豢養家禽及修理破件等。女兒則須學習補衣、製衣，男兒
則須製學校或家庭所應用物件。鄉間學校，以校園為重；城市學校
以工廠為要。他種功課，皆當以此為中心，則科學、算學自成日用
之具。鄉間多草木花鳥，先使學生於就近地方觀察天然，繼則於學
校園內試驗種植。即以城市而論，試驗之機會亦不為少，或調查，
或旅行，或考察地勢，或參觀工廠，均為實地試驗之善策，且足為
學習科學與歷史之基礎。

　　童子軍為各校所當組織——或因之而施訓練，或以之而應兒童
之天趣，由習童子軍所得之經驗，較之得諸教科書者必更深，而其
功效必更遠也。非謂此時期所受之書本教育及文藝教育為非甚要者，
不過十二歲以前所受之文藝教育，實無甚功效耳。文藝教育之位置，
當在此時期後之學校也。蓋對於此時期內之兒童，故事、圖畫、游
藝諸課，實為彼等學習歷史之好材料。講演或寫作，彼等所見及所
想像之事物，實為學習國文國語之良法也。學校中每日須用書籍，
固也；然以能應兒童所欲知者為止，不可過多。蓋能使兒童得發揚
一己之感情，與夫應其需要者，繪畫、唱歌、舞蹈、遊戲等實為最
要。兒童之秉性，無論如何不同，皆得藉此以發揚其意氣。學校內

不宜有機械的動作，須任各個人之自由發展方可。且各種作業（Oc-cupation）旣多，學生之身心，兩者俱得適當之愉快，則在校時間，每日雖增至八小時，亦不為多，此兒童及其家庭均受其益也。學校當為兒童生活之中心，讀書、工作、遊戲及種種快樂事，均當集於校中，成一小社會。若徒以乏味之功課為校中唯一之生活，則教育之義毋乃太狹乎？更進而言之：學校當為鄰里之中心；利用校舍，使鄰里之人得假團聚之所，於是學校不僅為兒童生活之中心，且為社會生活之中心，則其功效之大，較之向日當不可同日而語矣。

至十一歲或至遲十二歲時，凡資質較高之學生，則送入中學，使更上一層，多受知識的訓練。餘則留習小學，至十四歲止。而留習諸生，必為資質較低者，故當補習文字、算術及淺近科學試驗，以增其智，復授手工以增其巧。

補習學校——十四歲後，小學諸生，大半以迫於生計，須操工自給，不能全日在校，故設補習學校以應其需要。每星期至少須入學十二小時，入學時間，以日間為宜；蓋心身未疲，富於求學之能力也。至時間之安排，或每星期兩日，或數朝晨，或數午後，或每日定某時為入學期均可。由學校與僱主隨情形酌定，不必拘一也。其要點在使總計入學之時間不缺，與夫激發學生之好學心。若夫實踐的訓練，大都已自工廠中受之，故學校當注意關於兒童工作上知識之基礎，使增其工作之智巧，此對於應用上與教育上，均具有價值者也。其次須使兒童知賺工資外尚有他種有益諸事，且使知國民之義務也。

由是言之：補習學校之時間，當分為二部。一部授以學生所擇之專科（與工作有關者）；一部為普通訓練。專科之中，大概為一種科學。蓋現今世界無事不需科學也。或為於商業上有直接重要關係者，如速記、簿記、商業地理、近世文字或家政等。惟無論所選擇者為何科目，須以在學時間之半授以文科，如讀文學書，使對於文學與歷史上發生一種興味（歷史科包括國民科），如作文、繪圖、歌唱，使得藉以發表其意思與感情。

凡學生之室內工作而少活動者，須注重體操並野外遊戲。學校並當與學生設法，使於強迫功課之外，得聽演講，參與游藝會、跳舞會等，如此，可免它他種有害之遊戲矣。

工藝學校——十六歲入工藝學校，前已言之矣。其目的亦有二方面，即一方面養成技巧之工人，一方面養成良善之國民資格是也。其三分之二之時間，授以工廠及試驗室所需之科學，且工廠之教科，當與地方之實業相聯絡。若在鄉間，則設農業學校，多設實踐各科，以試驗為重，如制牛乳、土壤學、肥料、播種、蟲害諸科。無論城市與鄉間，均須設家政科，備女子從家政之訓練。各部以三分之一時間授文學科（包括國民科及經濟學）及跳舞、唱歌等科。

（五）新教育與中等學校及大學

中等教育——尋常學校之改革，前已詳言之矣，今請言中等學校及大學。尋常學校與補習學校、工藝學校，為大多數國民入之。中等學校則為欲求尋常以上之教育者而設，或為一般求專門學問者之預備。以人數而論，則中等以上之教育，其關係國民之全體，不若尋常教育之廣，然以他方面觀之，則其有關於國家人民之幸福甚大。蓋無論其國之政治或工業系統如何，受中等教育以上之國民，必為社會之領袖，將來握政治之樞紐，操實業之重權者，實為彼等也。

中等學校，以十一歲或十二歲至十八歲之兒童入之。先此則須受尋常教育，或入預備科。中學之預備科與尋常教育同程度，其辦法與前尋常教育同；因無論入中學與否，教育為發揚兒童之天性一也，如發展心力與體力、訓練感覺、教授普通學科，足為思想之工具與夫引其感情於正當之軌道中，皆為兒童生活所需要者。

兒童之當入中學與否，以十一二歲時為定，蓋此時兒童之能力，已約略可知。其能力足以受中等教育，而於個人與國家，兼得其益者則入中學。

中學之兩時期——中學學生為十二歲至十八歲者，故校中功課當分兩期。十二歲至十六歲為第一期，十七、十八歲兩年為第二期。第一期為普通時期，蓋十六歲以前所受之專科教育，為益甚鮮，已為一般教育家所公認，故必待十六歲以後方可授以專科。第一期功課須極普通，無論將來預備入何科，必須受同一之訓練。根基既固，則將來入專科時，方無扞格之患。第二期則以專科為重，俾學生之時光與能力，大半用於一種或一類之功課，以為將來入高等專門之預備。

第一期既以普通教育為目的，則不得不定一界限。故其問題如何，即以此為普通教育之界限乎？究受若干科之訓練而後得稱為普通教育乎？

第一期普通科——學校中各科競爭，咸以本科為諸科之最要者，故以表面視之，似無甚標準之可言，然吾儕若不忘下列兩端，則易於就緒。一曰使學者之心與事務交接，或與他人之思想交接，俾喚醒兒童之興味，並發展其能力。二曰使學者之心與天然物及天然律交接，藉以明物理之效用。

科學之需要——欲明天然律，非科學不為功，欲與天然物交接，亦非科學不為功。故學校中科學一門，不可不極為注重。科學之大概，可先以地理科中教授之。如地球之形狀，山川之形勢，草木之生長，與夫烏獸蟲類等之生活是也。待略具普通科學思想後，則授以科學之專門者，如化學、物理、生物學是也。如此三科，於數年之中依次連接教授，則可互相參考。將來如欲專習其一，則今日已為具良好之基礎矣。

算學——算學當與科學並重，惟教授法須大加改良。英國度量權衡，不以十進，甚為不便。故當採用密噠制與十進制。教授材料，以學生所習見之具體問題為主，量度推算必須實地試驗，由具體實驗而進為抽象演習，則其價值始見。

手工——各種手工為實地試驗之所必需，學校園中（習生物學之試驗場）手工之需要更多，他若木工則足為將來治工藝之基礎，烹飪則為女子所不可缺之事也。

語言文字——欲使學者之心與他人之思想交接，則語言文字其媒介也。以本國語言文字為先，略事文法，多作論文，繼之以一種或數種外國語言文字。法文則定為必修科，人人須習之，拉丁文則為選科，欲習之者至少須能連習四年，方許選習。

文學與歷史——語言文字以外，須習本國文學及歷史，今文及古文，須兼授之。凡授文學與歷史，不當以訓練記憶力或考試時背誦默寫為的，而當以識往古知今日為宗旨。

個性之差異——上所述者，以全體學生共同而言，校中諸生，無論何人，均須受上述至少量之教育。若以個人言之，其能力興趣進步之速率，各有不同，不可一概論之，是為個性之差異；吾人所極當注意者也。同一功課也，其進步之率，有甲遲而乙速；同一科目也，完畢後，甲欲習其較高深者，而乙則以此為已足。又如甲欲選習希臘文字，而乙則欲加習一外國文字；甲習代數為已足，乙則欲續習高等代數、幾何、三角等。各人之興趣既不同，學校當設選科以應之。惟不得過於專攻某門，而以其他各科為犧牲也。校中除正課外，當有自由選擇種種之作業，手工的，或智育的、科學的，或文藝的，任學生自擇。且設法以鼓勵之。若然，個人之興趣既得充分之發展，公共之智識與經驗，亦得藉之而增進矣。

第二期分科——若將上述辦法，推行於此期之中等教育，至十六歲止，則普通之基礎已定。此後得以趨向，能力，境況三者為準，而定各人所願習之分科。先奠廣闊之基礎，而後擇習分科，方有益也。若十六歲以前，所受之教育，不及如上述之廣闊，個人之能力，必受其限制。而所擇習之分科，未必適合其性質，將來恐難享最優之效果也。然此非謂校中各生，於各門功課，均將有優美之成績。多數之學生，於各門功課中有好惡，有優劣。即有於各科均優者，亦不能盡習各科之高級，蓋時間有限，不得不擇其所尤好者數種而求深造。故於中等學校之第二期，必設分科數種，以備學生之選擇；但設古文與近世文兩科，實不足以盡之。若以近世文科為不及格，於古文科為學生退避之地，則尤為不可。

至少須設古文、近世文、科學、工藝四科——除古文科（即文科）為少數之求文學訓練而設者外，中等學校之第二期，至少當設三科，以便多數人入之。近世文字與商業為一科（即商科），純粹科學與算學為一科（即理科），應用科學與工藝又為一科（即工科）。至各科共設於一校，或文商理工諸科各設分校，以何為佳，一時不能臆斷，須先經試驗而後能有把握。

近世文字、歷史兩門當共習之——若一校備設四科，則恐起種種困難，然如分設各種專校，則於學生亦甚不利。蓋此時期所授各科，尚不宜分之太專也。且以所有時間，盡習專攻之科，尤為不宜。

無論所擇為何科，而歷史、文學及一種之近世文字，均不可少，各科學生須共習之。

教法與宗旨——此種辦法，應用與理想兩者兼而有之。蓋兩者實相輔而不相背，彼此不能相離而自成也。或工或商，得理想之教，而其藝愈精。文人學士，得應用之經驗，而得免於迂闊。雖然視線之遠近，不僅以課程之文實為定點，而教授法之優劣，更有關係。若其宗旨在考試之分數，或其視線在將來賺錢之多寡，則無論何科，均能使視線近而狹。若然，雖欲應用，而將不能應用也。夫將欲有所大造也，必須發展其智力，無論授以何科，其最要之目的，在使於物質界，具呈無限之興趣。尊重智識之價值，思想之能力，且對於探險與發明諸端，其智力上莫大之愉快，則庶近教育之正道矣。

第二期分科之意義——中學第二期內分科之議出，難者曰，第二期分科之意何居乎？既屬分科，何以不卽送入大學而免中學之困難問題乎？中學限於普通至十六歲為止，十六歲以上送入大學，再習分科可也。應之曰，以十六歲之青年而入大學，其與大學有益與否，則吾人不敢預言，而於個人之受害則顯而易見。蓋此時代之兒童，正宜受中學之管理訓練，而養成正當之習慣。若一旦送入大學，負知識之重任，而乏相當之扶助，不其危乎！若將大學改組，以適此等學生之需要，則亦非大學所宜出之政策也。吾儕之計，使十六歲之兒童在中學學習分科，至十八歲然後入大學。既有分科兩年之經驗，而於大學第一年卽可受正當之大學功課，不必從事預備。三年卽可畢業，若是大學學年，可改四年為三年矣。

大學之詳細組織，非著者經驗所及，蓋著者平時之所接觸者，為中學以下之學校。讀者若以上述者為不謬，則大學之功課不當限於講演、考試兩者，而藝術與理想各種之研究，專科以外之活動，學校生活之自由，凡此數者，皆為最有價值之教育，尤當三致意焉。

第三章　個人教育

（一）教育之眞義

　　發展個性之人格當與服務國家並重。國家教育有兩方面：一曰略受初級教育以成有用之國民。二曰其能力較大者，授以程度較高的教育而養成社會之領袖。此兩端已於前詳言之矣。雖然，此猶未足也。教育云者，不僅限於服務國家而已，尚有個人之幸福為教育所當注意者。個人對於社會，須盡其應盡之責固也；而其對於所行之職務有趣味與否，與夫於一生得相當之愉快與否，皆為教育所不可忽。吾儕須知教育者為發展個人之全部，凡人生各方面，均須顧及，或個人，或社會方面，或精神，或物質方面，皆不可缺；此卽所謂現世時代之精神。或稱之曰民權；或曰人道；或曰耶穌之道；任稱何名，此時代之精神唯一而已。以政治而論，則民權。以社會而論，則人道。以宗教而論，則曰耶穌之道。其要點在以人為本位，而發展其個性人格且至於極。若羣羊之一而視個人，或以工業之機械而視個人，則離教育之正道遠矣。卽進而言之，以人為發明或製造之利器，亦不足為教育之目的也。然發展個性，將用何術乎？將何以利用各種機會，使個人之良能得受刺激而發育乎？將何以養成習慣，啟發興味，喚醒欲望，鼓勵高尚之思想乎？此皆為個人教育之問題也。

　　兩者不相背而相成——國家與個人兩方面之教育，實相成而不相背也。發展個人，至其極而使成一忠恕友愛多才多藝之人格，實為國家之寶。蓋個人之生活豐富，全國之生活因之而豐富矣。莎士比亞，個人也，然國家民族之得一莎士比亞者，其所得正多也。莎氏固成於天才，非學校所能養成之，無論如何完備之學校，不能造一莎士比亞，然欲養成英國之國民資格，使出迷朦而入光明之世界，非教育不為功也。兒童之生長如一粒種子，雨露之所潤，日光之所射，土料之所養，皆得天力而自然生長，其生芽，其開花，其結果，皆循自然之天律。教育兒童之方法，亦當順其自然發長之能力而培養之，揠苗助長，非徒無益，抑又害之，若以正當之教育，發展兒童固有之個性，使之滋生、滋養，自芽而華，華而實；苟一國之中，個個兒童能如是，則其國有不富而且強乎？

運用之妙在乎人——夫系統一機械而已，其運用之妙，猶在乎人。以教師之精神，運用於課堂、工廠之內，較之教育之規畫與系統為要。無論系統若何完全，規畫若何週到，苟無運用之妙，其結果必為機械的動作，不足為近世法。欲救厥弊，其惟以活潑之人，行活潑之教育乎？言其方法，厥有二端：一，使教育成一種高等職業，俾吸引生氣勃勃之人，以從事教育者弗受種種苦痛；薪俸一節，亦須加厚，雖從事教育者，不專以俸給為事，而教員生活之相當程度，要不可不維持也。

學校之設備，不可不求完善；教員之待遇，不可不求豐厚；使教員不為種種缺點之限制，且使享各種試驗之自由，以個人之思想行種種教授方法，此其二也。

其最者為教員之精神，具一定之目的，高尚之觀念，以之而教兒童，使兒童奮發而有為。吾人從事教育，首當知教育之真義，次察施行此真義之方法，然後對於教育、對於個人或國家之觀念，得其正確之意義。此其三也。

教育之真義——教員所首宜注意者，為學生自然之生長。教人如栽種子，一粒種子下沃土，而芽，而枝葉，而華，而實，皆自然之生長。為園丁者不能助其長也。舊時之臆說，謂授兒童以知識，猶書黑字於白紙之上，此謬說也。兒童之生長，乃由種種經驗，種種活動刺激而來，由內而生，非外鑠也。此已一再言之於上篇矣，願為教員者其勿忘也。吾人之教兒童，當以兒童種種之興趣，種種能力、感情、意思為前提，而發展其全體。但事正式之授課，不足以言完全之教育也。故以此而論教授之方法，不僅限於記誦機械之學，而當以喚醒兒童之興趣情意為目的，使之啟求知識之欲望，能力之自覺，與夫用其知力，行其所能，成一活潑底自動自助之兒童，且為一無私多助之良友。若爾，則兒童在校為好學生，出校為好國民矣。

其次教員自身之觀念——教員當具知識上的忠實，道德上的忠厚，此種觀念，必不可少。凡所希望於兒童，如精確、忠實等美德者，必先以身作則。以無上的忠信，開誠布公，知之為知之，不知為不知，勿敷衍苟且，責人嚴而待己寬。各門功課，如善授之，皆足以發明真理，引起美感，培養個性，發揚正義也。

利用一國之習慣，民族之觀念，三也。發其長點，扶其弱點，使習慣觀念之美者更美，其有所不足者得以補缺也。今請舉其例，體育之標準，各國有不同之點，然無甚大差異也。智育之程度，以社會要求之不同，各有所差異，然亦無甚基本上之不同也。訓練國民性一道，各國之不同殊甚，故欲使教育方法與國民性相和合，吾人當注意國家民族之性質，使補其缺而增其美。此次戰爭之經驗，足使吾人灼見國民性之訓練，不可一日緩也。

（二）英德教育宗旨之不同

兩大國家觀念相衝突——此次戰爭，除國際嫉妒、國際競爭相衝突外，尚有基本之原因存焉。此即兩大國家觀念相衝突是也。其一為德國之文化主義（Kultur），德人自視其文化為世界之最高者，無論何國之文化，德人視之以為皆在己下。德國抱此文化主義，其人生觀，其幸福之意義，其求幸福之方法，均與他國不同，故其教育之宗旨與方法亦因之而異。學者著書立說，對此問題之研究者不知凡幾，茲撮其犖犖大者為讀者言之。

武裝主義——武裝主義，普魯士之精神也。此不專指軍備而言，英國之海軍未始非武裝也，故吾人之言武裝主義，指其精神及宗旨也。此精神，此宗旨維何？曰：個人完全受制於國家，一也；文人受治於武人，二也。個人受制於國家使盡其忠愛之心，未始非美意也；然文人受治於武人，則國中一切之文明，但為黷武之利器矣。以德人之眼光視之，人民皆兵也，當受豐富之訓練為國家效力。國家之第一責任為備戰，第一之宗旨為併吞弱國，國家為最高無上之權力；實則操此權力者唯軍閥而已。以強權之政治，壓制寡弱之民眾，施以軍國教育，俾為國家謀虛榮之機械。

德國教育之結果——此種國家觀念，自斯巴達以來，時或見之。惟文明之國，未有敢如此明目張膽，公然主張軍閥政治若德國者也。吾人非謂德國全國人民，皆一致主張此種政治，然以其軍人、學者、政治家之言論觀之，大多數之國民固已默認此宗旨矣。其教育之目的有二：以物質的效能為前提，精確細密，洞澈精微，利用科學之成績，至於其極；此其一也。壓迫個人，為國服務，政府出令，國民從之，凡國民種種活動，均以軍備為範圍，以完全之組織，達無上之效能；此其二也。此種目的之結果，造成一種人類的機械，政府主其政；人民惟獻其一藝之專長為政府效其勞。故一國之效能甚高，工業、戰備，均超過他國，世界畏之。

凡受上述之教育者，其得知識與夫應用之能率必甚高，服從命令，細心工作，敏捷精確，故其成績甚優。然德人以為其民族自然之能力，較他民族為高，則誤矣。

犧牲個人之自動力——吾人對於德國教育之成績雖甚欽佩，然其缺點亦甚大。偏重知識，則個人之發展力弱；偏重服從，則個人之自動力弱，機器與科學之效用雖大，而究以養成活潑之人格為最要。最後之成功，終在乎人。

英國之乏系統——若以英國而論，吾人自知，凡事一無系統，與德國之事事皆有一定規劃、一定宗旨相比較，似覺不如。英國之國家一不相統屬，包含許多獨立分子而成之帝國也。英國之政府，因時制宜，以行政無統一之憲法者也。然而文明日進，為世界所欽仰，不在德國下。蓋吾人雖無統一之機械，而國運之進步，猶生物之生長，藉適應力而發展者也。

英國之個性主義——英國人尊重個性主義，故不喜國家干涉其個人意志。政府之權力，恆縮至最小度，而國中大多數之事業，實藉個人之自動力與成功心以成之。吾人愛自由競爭，而不喜牧民政治，個人之自由不願稍加抑制，然為社會服務之志願已成一種習慣。故英國之制度，重會議而輕專政，政見有參差時，則以調和而出之。

以此為習慣，故英人對於思想之不同，方法之參差，均能包容一切。他人之意見，雖與我不同，吾亦尊重之。凡事一以公道為斷。英國殖民政策之成功，地方自治之發達，此其祕訣也。吾人自足之心，受此次戰爭之動搖，種種缺點，已顯明實現。吾人作事遲鈍，思想太近實際而乏想像力，不喜受人指導，凡事不肯先事策劃，而臨事始籌應付之方。凡此種種，雖屬缺點，亦足以為吾人愛個性發展意志自由之明徵。與此相反者為武裝主義。吾人雖屬好戰之種族，而對於德國此種主義，實絕對不能容也。

國俗與教育——英國之國俗既若是，故於教育亦然。英國教育無完善之系統，無一定之目的，紛亂錯雜，消耗時間，而重大事業，應舉而不舉者，在在皆是。其所持以為教育之基礎者，曰運動：如擊球、賽跑、競舟等是也。曰社交：如和氣、互助、友愛等是也。曰自立：如不存依賴心，不因人以成事是也。蓋吾英之教育，以品行為上，知識次之。

公家學校——英國公家學校（Public School）之教育，即本上述之宗旨。故其訓練，以實踐之能力及自信力為主，知識其次也。蓋不在養成學者，而在養成健全之人格。如所謂"好勇者"（Sports-man）、"君子人"（Gentleman）是。好勇者即好正當之運動者，如游獵、擊球、打彈等是。英國對於運動甚為重視，蓋運動時之互助、互敬，遵守規律，正當競爭等，均足以陶冶正直不苟之品性。君子人，即有高尚人格之謂，與中國所謂君子者略似。

公家學校之優點——此種教育，無論其有何缺點，而足為訓練品性之基礎，其成績已為世界所稱許。英人個性之發達，領袖人才之濟濟，自治能力之開展，均以是為基。昔者，哥德（Goethe，世界著名之德國大詩家）語亞克曼（Eckermann，哥德之友，德國文學家）曰："無論其原因為種族，為土地，為政治自由，為教育，英國人優於他國之點甚多。"亞克曼答謂其所見之英人，並不較他國人為聰明。哥德復曰："人之成功，不在出身與資財，而在有膽量任天性而成完人（Complete men）。"既而又曰："英人有時亦成完全的呆人。"

公家學校之缺點——英國公家學校優點雖多，而亦有大缺點存乎其間，吾人不得不一研究之。其缺點為何？曰：知識不足，不以為意，而以運動加於知識與效能之上，此其一也。缺乏想像力，故不易領會他人之意見，而養成自傲之心，此其二也。不重事前理想的規劃，而重應時制宜，臨事始求對付之方，致人恆以偽君子目我，此其三也。眼界不廣，跼促於一隅以自安，故個人或階級之利益，常先於國家之利益，此其四也。

公家學校之優點與缺點，雖不能為英國教育全體之代表，而英國之教育，實以此聞於世界。公家學校實為代表英國教育之精神而過甚者也。

取己與人兩者之長——然則英國教育之基礎將若何乎？曰：保存己之長點，而兼收他人之長點；己之所長者，發展個性，獎勵自動是也。兒童自然活動力之發達，與夫自制、自信、自治種種訓練，須三致意焉。人之所長者，知識之訓練，想像力之豐富，組織之完善，科學之注重是也。增長兒童之知識，發展其思想，養成其科學習慣，組織其有效能之機關，亦須三致意焉。

吾人當於此兩方面之需要，調和貫通，使英國之教育，日臻美備，此則作者之所希望也。其方怯將若何乎？請為讀者言之如下。

（三）英國教育基本問題之研究及實施法

自動力之養成——教育其足以養成所需要之能力乎？抑英國人之特長為遺傳性之結果非教育之所能為力者乎？由彼之說，吾人固可聽其自然，何必用心致力於教育之改革者！吾人若承認後說，則未免自誇其遺傳之美！然究其極，即使秉性果美，亦需有適當之環境，以予其發展之機會。不然，雖有美質，亦將因無發洩之機會而萎縮。抑更有甚者，天生美質，有因被壓制而往往殭死矣。夫植物之發育也，雨露之所潤，土質之所養，人功之所施，一任其自然之生意，蓬蓬勃勃而滋長也；雖有良種，無此不茂，然揠苗助長，亦足以傷其天性。故教育之道，不在直接以助，而在間接以化。化之道何在？採取廣義之課程，使學校之生活豐富，一也。在教員之人格與方法，二也。學校之生活與功課，學生之環境也，皆與學生以發展自治、自動種種美質之機會者也。環境最要之一部份為教員與同學之感化力，或激動學生之意志，而使之向善；或以良好之榜樣，而使之受感化於不知不覺之間，皆於學生品性之發展，有莫大之影響也。徒恃學校組識完美，雖不能養成教育之優美人格，然足以減輕其無為之擔負，而使之不為日常瑣事所沉溺也。天生之師資，世常有之，而多數之教員，苟得正當之待遇，亦足為良師，是在主持校政者之善為策劃耳。

發展個性與自動之方法——然則課堂內之功課，課堂外之活動，與夫一般之學校生活及行政，將到何種地步，而後學生之個性與自動得發達之機會乎？

（1）設多種之功課及作業——俾初級學生得多種之經驗，以發見其特具之能力，厥後準天然之趨向，擇所欲習之功課與作業，以定將來之職業。以此為目的，則校中種種設施，必大行推廣，使知識技能，各得發展之機會，勿窒於一隅，勿專於一門，校中各課，須聯絡貫通；例如科學教授，於初期時不宜分植物、化學、熱學、機械等界限，但授以兒童經驗所及之日常事物可矣。由是以往，以兒童興趣之所向，生活之所需，逐漸授以一二種淺近科學。校中授課，於初期時不宜分之太細，亦不宜擇之太窄。文字、歷史、地理，初無不可移易之界限存乎其間，他若地理與科學，亦無鴻溝之分。

又如繪畫與作文，可與他課聯絡並授。算術一課，足以扶助各科教授之進行，要之，吾人當以學生之需要為教課之方針也。

以上各種功課為兒童經歷環境中各種動作之資料，其次期為設立功課之門類（Subjects），俾兒童擇其所欲之某門，或與此有聯帶關係者而習之。蓋各個兒童，具有特殊之興趣，利用此興趣之方法，在自由選擇。其選擇門類之多寡，以學校之能力所及者為範圍。

無論其為職業起見，或預備入專科起見，功課之專習不宜太早。蓋兩者均以廣闊之知識基礎為優，習藝術與高等職業者亦然。年在十六歲以上者，太專則不能有甚成效，狹窄之應用主義，非惟於兒童他項之發展有礙，且其所謂應用者，恐反成不應用耳。蓋無廣闊之宗旨，其進境必不能遠也。

（2）養成研究心——個性之發展，大半賴夫選擇自由。蓋選擇自由，則兒童興趣之趨向，始得藉以發現。然徒事發現興趣，猶未足也。必有所以發展之之方，其方惟何？曰教授法中當獎勵自動之研究心是也。各課之首要，不僅在悟解，而在有開闢新理之精神。教育之功用在此，為吾人所不當忽。總之教授科學之效用，全在養成有開闢新理之習慣。使兒童得良師之指導，以自己之能力用開闢新理之方法而自得之，故不問教授何課，皆當如是。如以此法而教算術，則能養成審問之習慣以尋獲新理為樂。讀書亦當注意於此。凡讀一書，不可以著作者之言為金科玉律，而減殺讀者之判斷力，而當以已得之經驗，固有之興趣，自立問題求答於書中，使之知草率武斷之不足恃。以此為方法，則各種功課，皆足以養成自動之研究心，與夫發展其判斷力，不僅限於得某課某課之知識已也。

（3）手工——緣上述之理由，則知手工為各期教育之要課。欲大多數之兒童，得養成創作及建設力之機會，手工之效用實大。蓋個人各得獨出心裁，以各人之興趣自由倡作，且自己之差誤，亦易於察覺；若一不經心，則物件存於目前，其成績固顯而易見也。

（4）遊戲——訓練自動個性之方法，不獨限於課程一方面，而各種運動（Games）之能啟發自動、自信、自治等美德，亦固人之所知也。豈僅於強健體力而已哉。他若種種野外遊戲，和採取植物、礦物標本等，既於體育有益，且能藉以發展兒童之個性也。

（5）童子軍——以此而論，童子軍之功效，亦甚大也。體力健全之男女兒童，未有不喜此種舉動者，訓練身心品行，此實為一要道也。

（6）各種自願之活動——校內各種出於兒童自願之活動，亦須獎勵之。如音樂俱樂部、文藝俱樂部，或演說會、戲曲等，均於學生生活之活潑，有莫大之關係。

（7）學校生活之豐富——吾人須知教育者，非僅限於課堂內之訓練而已。凡校內種種生活，皆教育也。若吾人以發展個性主義為教育之目的，除維持學校行政必不得已者外，萬勿以表面之劃一為學校之訓育。無論為學，或遊戲，或衣著，吾人當任學生之自擇，惟略須劃定範圍而已。在此範圍之內，學生當享自由選擇之權利。吾人之用意，當在不同之同，不一之一，而萬勿視無為之統一為統一，以殺學生之個性也。他若包容他人與我不同之意見（無論為小事，為國政，或為宗教），重人格之發自內者，而輕言論之表於外者，皆訓育之要道也。校中規律固不可少，凡破壞規律者，亦不得不加以責罰；然此猶未足也。吾人當激動其忠實自重之心，而使樂於勤勉，生友愛助人之念，而不必令之以威。

（8）自治——吾人當竭其所能，使學生自治，以學生程度之高下，定自治範圍之大小。程度日進，則自治之範圍亦須由之加廣。

英國公家學校之自治，已足為吾國榮，然吾人尚得而推廣之。英國政治制度，以自治著，故學校中亦必重自治以應政治之需要。校中種種組織，當以養成自治為歸，故校中須設一學校國會（School Parliament），凡關於校中共同生活之規律，可交國會參與，此為啟發平民主義之良法也。

（四）學校之訓練

各種訓練之不同——以自動為目的，以自由自治為達此目的之方法，吾人已詳言之矣。與此問題有密切之關係者，即訓育是也。訓育者，教育之基本部份也。無此，則學校共同之生活，將為不可能之事，而個人人格之養成，亦非此不為功。然訓育之目的有不同，其方法亦有不同，故吾人當先定訓育之目的，而採取適當之方怯，使與吾人之教育宗旨相符合。

尊重命令，唯諾維謹，使個人屈於全體之下，固為可貴之事，然行之過度，則惡果隨之。故無論在一國之中，或在課堂之內，命令主義不宜行之太過也。吾人對於古代斯巴達與近世之日耳曼，莫不欽佩其命令主義之成績，然吾人細心思之，知其目的，但在機械的訓練，而於養成個人之人格，大有虧缺。其所謂完全之訓練，惟在壓迫個人之意志，而使服從國家之意志，此不獨於軍事教育為然，即以公民而論，亦罕有能自行其意志者。以國家為無上權力，規定人民之思想與意志，此所謂武裝主義之訓育是也（即極端之軍國民教育，德國與日本行之）。

此種武裝主義之訓育，實起於國家處極危險地位之際，蓋其為國防之效能甚大，而施行之方法極為簡單，故為一時權宜之計，固甚適當。然時遷世易，而猶以此為國民教育之方針，則其貽禍甚大也。

　　與武裝主義相反者，即平民主義是也。平民政治為人民公共之意思所組織，其人民之所服從者，非他人之命令，亦非外來的強有力之命令，不過為行政上圖便利起見，人民自願服從公共之意思，即代表大多數人民之意思也。故順從命令為出於自願，而非出強迫。以外而言，平民政府之命令與武裝政府之命令，無甚差異。然以內而言，則自願之服從與威迫之服從相較，其價值之不同，不啻天淵。蓋一則出於自然，一則出於機械，一則出於共同意思之代表，一則出於少數之意志，且訓練出於自願之服從，較強迫之服從更難。蓋須有知識程度之國民，而後始能見其成效也。

　　強制訓練之害——通常訓練法，往往出於強制，因兒童之天性，最喜種種活動，苟不制其身體之活動，則將手舞足蹈，高聲呼鬧，不能專心於一事，使教員無所施其教。故以教育而論，不得不設種種方法，以抑制其活動；以教員之便利而論，更不得不抑制其活動。兒童之心力活動亦然。若不能制治，則種種問題，發問不休，甚或以好奇之心理，出危險之舉動，故吾人亦必設法抑制者，反對兒童意志之謂也。吾人抑制兒童之事愈多，則久而久之，兒童之意志愈弱，其害有不可勝道者。故訓育之目的，在抑制兒童之意志者，其成功愈多，則其後患亦愈大。蓋此種訓育，消磨兒童為善之能力，實較其遏阻為惡之行動為多也。若夫以慈惠之心，設種種方法以抑制其活動，則其禍亦不能稍減，蓋於不知不覺之間，使兒童消磨其自立之能力，而養成事事依賴他人之習慣。

　　在適當範圍中獎勵種種活動——吾人之訓育，當獎勵其種種活動，但使不逾越適當之範圍足矣。吾人不當削弱兒童之意志，而當利用之以為有範圍之活動服務；此乃蒙台梭利教育法之祕訣，其成效已卓著者也。以兒童身心之活動，專心致志於所為之事，以互助友愛為範圍，乃蒙氏教育之特色也。以此為法，則無所容其抑制矣。總之訓育之道，在利用兒童種種之活動，使其意志與公共之意思相侔合，以達意志自由與夫自治之訓練。凡不足達此目的者，如種種外面之規則，鞭策之訓練，悉當捐棄。蓋此種訓育，非養成外似真而內實假之人，則必成一種機械而已。

服務與友誼——吾人當養成兒童為學校、社會服務之習慣，使愛其所共處之同伴，所交接之團體。蓋良善之公民資格，與誠摯之愛國心，皆以此為基礎者也。

規則亦不可偏廢——吾人非謂施行上述之訓育，可將一切規律責罰廢止而不用也。無論在何種社會規律，必不能少端正辭讓之美俗，必須設規律而公守之。然吾人當以公眾意思為前提，凡立一規則，須使守規則之人明白曉諭其理由；凡有更改，亦須與有關係之人共商之，必使人人共知其意思方可。

自治之訓練——凡規律之理由顯明者，則人自願守之。訓練地方自治之方法，莫善於此，學校中所不可不注意者也。若欲人共守規律，則必使共立之。吾人非謂規律當從寬，而使易於從事。訓練云者，非謂避難而就易也。凡欲受一種訓練，必經過種種困難與苦惱。斯巴達自治之精神，吾人誰不欽佩之？赴難就困，樂而為之，成功之母也。吾人之所反對者，為機械的規律出於權力，而非出於公共之意思也。哥德（Goethe）有曰：“機械之中，有鬼坐焉，外力一去，鬼躍而出。”此之謂也。故吾人當以有明白意思的自動、自制為訓育之方針，其設施雖較難，其成功雖較緩，而其後效必甚大焉。學校之規則匪尚，教育之精神惟欽。將來之世界，惟今日教育之精神造成之。

（七年七月至十二月，《教育雜誌》）

英國教育之大憲章

完全義務教育自五歲至十五歲。補習義務教育自十六歲至十八歲。英國教育素重保守，不肯輕易改革。此次大戰，大受痛苦，始覺悟向日守舊之非策，故全國上下力圖教育之革新，遂有此法律之規定焉。

教育局長非休（Fisher）所提出之教育議案，一九一八年八月八日，已由議院通過，定為律令。全案長萬餘言，分七章。（1）全國教育系統。（2）入學年限及兒童工作之規定。（3）推行教育方法。（4）辦理教育人員之權限及責任。（5）教育行政條例。（6）教育補助金。（7）教育財產管理法。共四十六節，計二百餘條。自英國有歷史以來，最重要之教育律令也。故時人稱之曰："兒童大憲章"。茲將其每條大旨述如下。

（1）全國教育系統——本章述中央教育局與地方教育機關聯絡進行辦法，地方教育機關得中央之同意，得推行各種教育計劃。中央教育局如得財政部之同意，得撥費補助地方教育機關，以利進行。

（2）入學年限及兒童工作之規定——本章規定入學時期，凡年五歲以上十四歲以下者，不得免學。凡年在十四歲與十五歲之間之兒童，如不傭工，亦須入學。然有充足之理由，得免學。

（3）推行教育方法——地方教育機關，得中央教育局之同意，得規定學期之時間。又凡年十八歲以下，十五歲以上之青年，須入強迫補習學校，每年須入學三百二十小時。除疾病及其他無可免之事外，如無故缺學，科學生以罰金，數不得過五先令。父母罰金不過一鎊。再犯罰金不得過五鎊。如傭主阻礙傭工入學，亦須受罰。

（4）辦理教育人員之權限及責任——辦理教育人員，得設學校洗身房，星期野外設幕，體育室，請醫檢驗體格及治療疾病，整理幼稚園學生衛生及獎進體育等。又小學不得收費。

（5）教育行政條例——負管理學校之責任者，當中央教育局向之索取報告時，須按條答復，違者科以罰金，數不得過十鎊。本章述行政管理細則甚詳，如學舍、校具、校產之保護及管理，均為規定。凡有虐待兒童者，得由地方教育機關起訴，由中央教育局派人審判。

（6）教育補助金——地方學校，得受中央教育局由國庫撥給補助金。

（7）教育財產信託——本章述校產在法律上之位置及性質。

以上諸條之計劃，從英國教育全部打算，圖全國教育之基本改革者也。其中諸條，關於行政管理一方者，在議院中多所爭執。蓋英國習慣，素重地方自治，而不願政府干涉地方教育也。去歲正月十四日，非休氏將關於行政諸條，略事修改，以平羣議。至關於教育諸條，全國議論一致，無不表同情者。

倫敦《泰晤士報》評論曰："吾人謹賀非休先生，成此偉大之計劃。二年以來，本報竭力鼓吹教育之革新。凡本報所主張者，盡容納於此計劃之中。此不但為英國教育開一新紀元，實為英國歷史上闢一新時代也。"

（八年三月，《新教育》）

美國國幣補助職業教育之歷史

美國天產富饒，如得人力開闢之，則富冠世界；中國亦然。然美國有天產而能開闢，故今日其富果冠世界。中國有天產而不知開闢，故雖有不盡之寶藏，而貧乏如故。

以國家之力，補助地方實業教育者，美國也。以地方小民汗血之力，供國家之政客武人揮霍者，中國也。查美國國家補助地方實業教育，始於一八六二年，是年國會通過《麻立爾給地法》，規定政府撥給公地，興辦農學。其給地之分配法，以各省在國會上下兩院之議員人數為率。每議員一人，得地三萬畝，以該地之出產，或售去之代價，設立學校，教授農業及工藝。一八九〇年第二次之《麻立爾給地法》成立，規定直接補助各省農業學校之方法。一九〇七年農部計劃案中，規定經費若干，補助各省農業學校。至一九一一年，國家補助各省農業學校之款，歲達美金二百四十萬元之鉅。

一九一四年《斯密李阜律》，又名《擴張農業律》成立。此律專為校外農業教育着想。故此律成後，有一班特殊學生出現，卽以在農場作工之男女成人及兒童，充此新教育之學生是。中央與各省聯合推廣此種教育，第一次每省得中央款項一萬元，為創始金，由各省農校與中央農部聯合進行。此律規定由國庫撥款，每年遞增五十萬元，至一九二二年為止。凡各省之受國款者，須另籌省款若干，其數與每年所攤派之國款等（惟創始金不在此列）。是則省受國款一元，另須自籌一元，是中央撥一元之費，而有兩元之功用。照此辦法，一九二二、一九二三年以後，每年由國庫撥四百五十八萬元，各省庫合撥四百一十萬元，共計全國每年出款八百六十八萬元，推行校外農業教育。《麻立爾律》與《斯密李卓律》不同之要點：在一則為推廣農業學校，一則為推廣校外農業教育；一則為求學者而設，一則為失學者補習而設也。

一九一七年《斯密許士律》成立，規定中央設立一推廣職業教育之機關，曰中央職業教育部。其部員為農部、商部、工部三總長，美國教育局長，及由總統選派之公民三人，代表製造商業、農業、工業各界。推廣職業教育之款項，以一九一八年（即民國七年）為起始期，計十五萬元，以後每年加增，數年之後，可達四百萬元。美國職業教育，得此補助，必蒸蒸日上。將來工商業更形發達，執世界經濟界之牛耳者，其美國乎？可無疑也。

統計歷年來中央補助各省職業教育之款項，為數之鉅，令人驚愕。茲列表如下：

	中央每年補助農業學校費	一九一一年	二百四十萬金
	中央每年補助校外農業教育費	一九二三年起算	四百五十八萬金
	中央每年補助職業教育費	一九二五年起算	四百萬金
共計	中央每年補助職業教育費	一九二五年起算	十兆九十八萬金

如加入省庫撥助校外農業教育年費四百十萬元，則其數超十五兆元以上。其餘與中央無關係之款項，與夫私立、公立職業學校之款，尚不止此數。

（七年十二月，《東方雜誌》）

第七編　對北大學生說的幾句話

初到北京大學時在學生歡迎會中之演說

蔣先生代表蔡校長，赴京執行北京大學校務。大學全體學生，特於七月二十三日上午十時，在大學理科開會歡迎。當由蔣先生略述蔡校長之近況，與其振興教育之大計。茲述先生個人對於大學生之希望，與大學生應負之責任，名言精論，聽者莫不感動，特錄如下。

諸君因愛蔡先生而愛夢麟，夢麟誠不勝其感激。此次諸君領袖全國，為愛國之運動，不但國人受諸君之感動，而敬崇諸君；即世界各國，亦莫不對諸君而起敬意。然則諸君此次之表示，為有價值的，已不待言。諸君對於蔡先生望其即日回校，蔡先生為最肯負責任者，豈有不允回校之理？惟今日病猶未愈，若因回校而病轉劇，豈非為欲負責反不克負責乎？此蔡先生之所以不即來也。諸君須知蔡先生為平民化的，無論何人，皆平等視之。南方有謂蔡先生之離大學，大學生對之有如子女之失父母者。蔡先生即答云："大學生皆能自治者，固不同子女之於父母，必待督率而後無失；故予於大學生非父母可比，不過為大學生之兄弟耳。"此次夢麟到杭，蔡先生即約予往談，云有事託我，至則語我云："大學生皆有自治能力者，君可為我代表到校，執行校務，一切印信，皆交由君帶去，責任仍由我負之。"蔡先生既以代任校務委我，我即以二事求其承認：（1）代表蔡先生個人，非代表北京大學校長。（2）予僅為蔡先生之監印者。蔡先生一一承認，且以三事語我：（1）各界代表之至杭者日必數起，迄未答謝，請君代表我為我致謝各界。（2）代表我有回校之決心。（3）大學責任我願繼續完全擔負。又云：「自今以後，須負極重大之責任，使大學為全國文化之中心，立千百年之大計。」予因受蔡先生之委託，遂即日離杭來京。余嘗論蔡先生之為人，具中國固有文化之優點，而同時受西洋文化之陶鎔。昔孔子以有溫良恭儉讓五種美德，因以洞悉各國政治。蔡先生以具此種美德，故每至一地，於當地事，人無不樂告之。蔡先生因受西洋文化之影響，極喜音樂，以其能發人至感，且能收人生各部平均發達之效果。又倡以美術代宗教。有謂其反對宗教者，誤也，不過蔡先生於宗教之誤認處，不肯贊同耳。又蔡先生平時待人接物，大度包容，溫厚可親，但一遇重要大事，不肯絲毫改變其主張，所謂富貴不能淫，威武不能屈。總括以上所言，蔡先生所具者有三種精神而熔合於一爐：（1）溫良恭儉讓，蔡先生具中國最好之精神；（2）重美感，具希臘最好之精神；（3）平民生活，及在他的眼中，個個都是好人，是蔡先生具希伯來最好之精神。此次五四運動所以能感動全國者，未始非此種精神於不知不覺間灌輸於諸君腦海中之效果。故做事時，困難不成問題，危險不成問題；所患者，無此偉大之精神耳。講到這裏，我們要問一聲，蔡先生這種精神，怎樣得來的呢？是從學問中得來的。故諸君當以學問為莫大的任務。西洋文化先進國到今日之地位，係累世文化積聚而成，非旦夕可幾。千百年來，經多少學問家累世不斷的勞苦工作而始成今日之文化。故救國之要道，在從事增進文化之基礎工作，而以自己的學問功夫為立腳點，此豈搖旗吶喊之運動所可幾？當法之圍困德國時，有德國學者費須德在圍城中之大學講演，而作致國民書曰："增進德國之文化，以救德國。"國人行之，遂樹普魯士敗法之基礎。故救國當謀文化之增進，而負此增進文化之責者，惟有青年學生。昔人有詩云："可憐年年壓針線，為他人做嫁衣裳。"現在青年作救國運動，今日反對這個，明日反對那個，忙得不了，真似"可憐年年壓針線，為他人補破衣裳"，終不是根本辦法。吾人若真要救國，先要謀文化之增進。日日補破衣裳，東補西爛，有何益處？深望諸君，本自治之能力，研究學術，發揮一切，以期增高文化。又須養成強健之體魄，團結之精神，以備將來改良社會，創造文化，與負各種重大責任。總期造成一顆光明燦爛的寶星，照耀全國，照耀亞東，照耀世界，照耀千百年而無窮。

（本文根據八年七月二十六日，上海《時事新報》新聞稿修改而成）

北京大學的近狀致張東蓀的信

東蓀先生：你的來信，適之交我讀了。我實在忙得不了，所以沒有信給你。現在承你詢問，我不得不抽出一點功夫，與你談談。我二十一日到北京以來，吃了不少的苦，好像以一個人投在蛛網裏面，動一動就有蛛子從那屋角裏跳出來咬你。唉！若無破釜沈舟的決心，早被嚇退了。人人說市中有虎，我說我任憑虎吞了我就罷了；沒有吞我以前，我不妨做些做人應該做的事。我記得王守仁有句話："東家老翁防虎患，虎夜入室啣其頭；西家兒童不識虎，執策驅虎如驅牛。"我又記得《四書》裏有句話："不忮不求，何用不臧?"我本了這個精神，向前奮鬪；過了半月，諸事已有端倪。我對於校內校外幫我忙的人，終身感激他們——他們不是幫我的忙，是幫中華民國的忙。現在大學裏面，教務、事務都積極進行，新生取了四百人，上海投考的結果亦已揭曉，取了九十一人。下半年的課程，已經起首安排。教職員方面，精神一致；都天天興高彩烈的做事。你若來看一看，必以為大學這回並沒有經過什麼風潮。學生方面更不必說了，這班青年，個個是很可愛的。並不是說空話，我實在愛他們。他們對我說，此後他們要一心盡瘁學術，定要把這個北大成了中國的文化最高中心；這班青年的眼光，是很遠的。我有一句話，要給在上海的諸位先生講。北大學生是全體一個精神的，並沒有分迎甲迎乙的派別。這番"小孩子打架"，是十幾個可憐的青年鬧出來的。內中有畢業生，有休業生，也有幾個大學生。過種"小孩子打架"，本不足驚動中華民國的法庭，但既承法庭代學校訓練學生，我們也只好服從法律。你知道法庭是獨立的，這個意思我們大家要尊重的。但我希望這個問題早日解決；學潮方息，別要另生枝節。我心裏對於在囹圄中的學生，十分抱歉。現在我心中耿耿不安的就是這事。從教育的眼光看來，教訓青年的地方，是在山林花草、鳥鳴蟲嘶的天然景內，不在臭蟲、跳蚤的囹圄內。你想這句話對不對？我已面託教育部長傅沼香先生在西山的地方為大學多覓些地，以備將來把北大遷到西山去，使青年日日在天然景內涵養其身心精神。傅部長允為竭力去做。我們意思最好請清室把圓明園送給北大，這園有四里闊，六里長，有山有泉，是最好的地方。你所抱的"新村"思想，在這個園附近建設好麼？蔡先生對於大學百年大計，如能在這個地方來實行，真是中華民國的大幸了。我事很忙，今日星期，本來要休息；因為你有信來，我只好把我休息的時候犧牲了，來寫這信。請你將這信給上海的幾個朋友看看，省了我再寫信。我就感謝你不盡。

（八年八月十日，上海《時事新報》）

北京大學開學演說詞

（九年九月十一日）

　　今日趁開學的機會，我可以同我們全校的同學，晤聚一堂，實在非常的高興。我覺得這個機會是很可寶貴的，因為我們平時雖也常同學生接觸，但總只是一小部分。近來學校中都有一種通病，就是教員和學生除了課堂見面之外，毫無個人的接觸，所以弄得好像不關痛癢的樣子。這不但中國如此，就在外國也免不了。現在同諸君雖然不是個人的接觸，卻也是一個大聚會的好機會。我前天曾同校長談過，打算下半年辦一個校長與學生間的星期茶話會。每星期在第一院對面新租房子的本校教職員公會內，預備一點茶點，約定二三十位同學，同校長隨便談談，可以彼此互通情愫。

　　還有關於社會方面的。我們現在不是天天講新文化運動嗎？那天在胡適之先生那兒談天，他說現在的青年連一本好好的書都沒有讀，就飛叫亂跳地自以為做新文化運動，其實連文化都沒有，更何從言新。這話實在說得非常的沈痛。所以我們此後，總要立定志向，切實讀書。還有一層，就是物理、化學等等物質上的文化也應該同文字方面的文化並重。比方現在飢民這樣的多，因為交通等等關係，賑濟就這樣的困難；有時傳染病發生，也往往弄得手忙腳亂，死喪無算。這都是物質文化太不發達的弊病。我們不可不注意。

最後對於同學自治問題，也有點意見。我近來學生認識得不少，據各方面的聞見，覺得最可惜的就是學生會總沒有好好的組織；開會時秩序亦不甚整齊。我們時常說國會、省會如何搗亂，其實像這樣子，叫學生去辦國會、省會，又何嘗不會搗亂呢！所以開會時必須注重議會法纔好。學生會章程，上半年已經訂好，採取委員制，現在已經付印。希望新舊同學平心靜氣地討論，確定以後就大家遵守。本校的特色，即在人人都抱個性主義。我嘗說，東西文明的不同，即在個性主義。比如希臘的文化，即以個性為基礎，再加以社會的發達，方能造成今日的西方文明。孔子雖然也講個人，但是相對的而非絕對的，講起個人總是聯說到家族和社會上去。所以真正的個人主義，就是以個人為中心，以謀社會的發達，並不是自私自利。西方近代文明之所以如此發達，就因個人與社會同時並重。譬如雙馬車，定要兩匹馬步驟和協，這車纔能走得快利。我覺得北大這麼大的一個學校，研究學問，注重品行的件件都有，就是缺少團體的生活。所以我希望大家，一方各謀個人的發達，一方也須兼謀團體的發達。從前嚴厲辦學的時代，是“治而不自”，現在又成了杜威先生所說的“自而不治”，這都不好，我們要“治”同“自”雙方並重纔好。因為辦學校用法律，決計不行的，只可以用感情化導，使得大家互以良好的情感相聯絡。這是我最後的希望。

北京大學全體大會演說辭

(九年九日十六日)

　　日前本校開大會，蔡校長的演說辭，本刊業已登載。茲將蔣先生演說中之有關於本校事務者，節錄於後。

　　（上略）本校最困難之一問題，為校款不能按期領到。因經費不按時來，實行預算，甚為困難。移甲補乙，移乙補丙，把預算破壞了。譬如去年校中決定，撥圖書、儀器費各二萬元。儀器之費，顏先生把他先從會計課領來，所以今年我們學校裏辦了不少儀器，這是使我們滿意的一件事。當時圖書館未曾即刻把款領來，以為存在校中，是萬妥萬當的。不料後來只領了幾百元。這筆錢用到別的地方去了。諸位要知道，凡一個機關裏四五個月領不到錢，有一文錢到手，就用了去。譬如電燈、電話、自來水，不能欠錢太多，欠了太多，電和水就不來了，電話也要叫不通了。還有其餘的賒賬，長久不付錢，下次就賒不動。這種錢，看了很少，在一個大機關裏各部份拼攏來，就可觀呢。本來購圖書的錢，迫得不了時，就把他送到電燈、自來水公司，和木廠子、紙鋪子裏去。去年有一個建築公司，我們欠他一筆鉅款，屢次問我們來討，我們因為沒錢，只好搪塞過去。將到中秋節的時候，他們到我的家裏來討，每天來一次。到了中秋節，我就逃到西山去，不敢見他們。

　　同學最感痛苦的，就是寄宿舍不夠。住在公寓裏吃寓東的苦。

這事我們早想到。但請撥公地請不到，購地一時無款，造房更沒錢，所以遷延過去。現在我們還要極力想法。（下略）

北京大學開學詞

（十二年九月十日）

　　今天同大家聚會一堂，行開學禮，本來是一件愉快的事情，所不好過的就是我們最敬愛的蔡先生不在此地。學校在這種政治的和經濟的關係之下，竟能如期開學，是同人精神奮鬭的結果。至於物質方面，可說是已到了山窮水盡的地步。恐怕諸君不甚詳知，特地略為報告。政府裏積欠了我們八個月的經費，計有五十餘萬，此外學校裏還墊出了十七萬餘。兩項共計七十餘萬，差不多一年的經費沒有了，所以去年開學時我們說過要建築大會堂和圖書館的計畫都成了泡影。同人數月來終日奔走經費的事，忙得不了，幾乎天天在街上跑。上次京師各法團保安會、京師治安維持會，和教育基金委員會，議決每月籌八十萬元，五十萬為軍警費，三十萬為教育費。請匯豐、匯理、正金、道勝四銀行墊借。議定以後，即向使團接洽，英法日三使現尚在磋商中，此事能成與否，實難預料，不過我們盡我們的能力罷了。

　　現在蔡先生不在這裏，同人等也略有一點計畫，如經費有着，擬將經費劃出一部份用在充實學術上的內容。購買圖書要注重專門，請各系計畫應購的書報雜誌。這層做到，學術自能漸漸提高。並且教育方面，因為有了這樣研究專門學術的便利機會，學問自然也就日新月異的提高起來。其餘應當進行的事還很多，現在先就力所能及的先做起來。

此次還有幾件小事可以報告。學校的行政部分向在第一院，從前有過謠傳，說是外面對於我們有所誤會的，將來放火焚燬。這雖是謠傳，卻十分重要，不可不注意。學校的會計機關、註冊部，以及歷來的重要文件，都在第一院，萬一不慎，真不得了。現在外面的局勢，弄到如此，難保以後外界對於我們的誤會不再發生；所以為慎重起見，決定將行政各機關移到第二院去，庶幾關防可以比較嚴密。今年新生投考的幾及三千，學校裏只取了一百六十餘人。外面因為我們取得太少，有許多誤會和責難。其實我們錄取新生，標準為重，不甚拘守定額。不想近年各地中學畢業生，能合我們標準的，竟一年少似一年，這是現在教育界一個重大的問題。現在我們擬以表冊報告各地中學，使他們知道，他們的學生有幾分之幾不及格，所欠缺的是那些功課，請他們注意改良。又此次檢察體格加了檢驗糞便一項，結果知道揚子江以南的人，糞中有蟲，廣東最多，江浙次之，揚子江以北則有蟲的很少。這是醫學和衛生學上極有科學價值的一種報告。

總之，在現在這種情形之下，全靠我們大家共同奮鬥，方可維持京師的教育，至少也要維持北大的生命，決不讓他中斷。

奧斯朋先生在北大講演致詞及結詞

今日本校得奧斯朋先生親來講演，不勝榮幸。奧斯朋先生為著名的科學家。我們在這政治混亂之中，努力倡造新中國。他同他的朋友，在大沙漠中發明蒙古為世界動物發源地。這次的發明，是科學界的一個新貢獻。他的事業成功了，我們希望我們的事業也成功。至於他的科學上的事業，我請李仲揆先生來介紹。

（李仲揆先生引講。）

（奧斯朋先生講演。）

我剛纔聽奧斯朋先生對於我們的忠告，不勝欽佩。科學的成績是從辛苦艱難中得來的，要從運用心手耳目得來的。懸空虛想，不能親身試驗，決不能從事科學。奧斯朋先生經四十餘年科學的預備，又得多數科學家的合作，纔在蒙古尋獲了幾個古鳥的蛋。尋幾個古鳥的“雞子兒”是這樣困難，何況建造一個新國家呢！我們經過十二年的功夫，拿了一枝筆，胡說八道的說了十二年的亂話，就想建立新國家，那有這樣便宜的事！我們感謝奧斯朋先生，給我們這樣的一個好教訓。

北京大學二十三週年紀念日演說辭

今日是我們北京大學第二十三週的生辰；我們來到此地慶祝，可算是家庭中的慶祝，一堂都是自家人，也沒有請外賓，全由本校的教職員及同學們自由發表意見，關於校務的進行，好着實的來改良。大慶祝當在二年後本校二十五週紀念時來舉行。關於二十三年來本校的經過情形，已在今日的北大日刊上揭載——如校歌、國立北京大學略史、現行組織、圖書館、儀器室、學科課程、現時體育的組織、學生的生活和活動、出版品及修正旁聽生的章程；所以在今天開會時，也無須我再來報告了。

我想關於慶祝，約略可分為二種：

（1）來慶祝我們過去的成績。

（2）來慶祝我們將來的希望。

如果要說今天來慶祝我們過去的成績，現在的成績，可以說是沒有，這是很覺慚愧的！我們今天所當慶祝者，是在將來的希望。因為盛名之下，其實難副，所以今天開會慶祝的目的，只好在將來的希望上了！

關於將來的希望，我以為有三件重要的事，很應當注意的，由這三件上着力，我們大家一齊的做去，等十年或二十年後，再開會時，我們就許可以慶祝過去的成績了。這三件就是：

（1）當輸入西洋的文化，用全力去注意他——這話雖是老生常談，不過現在我們是要去實行。從前張之洞說："中學為體，西學為用"，總要體用兼備纔對。現在我們卻要把這句話反過來說了，當以"西學為體，中學為用"。這是我一個朋友說的話，真是有理。因為我們的國學須經過一番整理的工夫纔行；整理國學，非用西洋的科學方法不可。所以第一步還是先要研究西學。況且現在應用的學問，大半須從西洋得來。以本校而論，想着實的來輸入西方文化，先要改良圖書館，多買西籍，希望諸位同學，熱習英德法……文，能直接看書，不至於有不懂和誤解的地方。我們既都是自家人，也不妨老實的說：要是外國文太不好，無源之水，將來一定是要乾涸的；能諳習了外國文，能多讀外國的書籍，那麼"寶藏興焉"；無奈我們學校的諸同學，外國文的程度，雖然也有好的，但多數同學的外國文程度總有些兒不夠！

（2）當整理國學——要是隨隨便便的，拿起中國的什麼書籍來看，是沒有什麼用處的！我們如果有了學問，應當去做乾嘉時代一般學者的工夫，以科學方法去研究的結果，來把國學整理一番，將來好出一部北大的"國學叢書"。現在商務印書館，雖說出了一部"四部叢書"，其中善本雖不少，但未經今人用科學方法整理過的。我們若能夠以科學方法研究出來的結果，出一部"國學叢書"，使將來一般的國民，領會了國學以科學方法來研究的好處，更能使將來的中學中或是一般國民，拿起一部"國學叢書"來，便可以知個國學的大概，用不着再要拿許多的書來讀纔知道，這不是求學的經濟方法麼？

（3）當注重自然科學——這是很重要的；現在文化運動基礎不穩固，缺點就因為不注重自然科學。我們若想來使文化運動的基礎穩固，便不得不注重他。西洋文化的所以如此發達者，就是因為他們的根基，打在自然的科學上；而且現在我們首當明白的，要曉得在中國十年或十五年後，必有一種科學大運動發生，將來必定有科學大興的一日。所以無論是文科的、法科的、理科的諸同學們，凡關於天文地理……一類的自然科學上，都當着實的注意纔好！在學校方面，要把經費節省下來，把理化的儀器室，特別的推廣；好請一般的同學們和教職員諸君切實的去研究磋磨，使有最新式、最完全的試驗室來實現，且不特我們去研究西洋已發明的科學，且要來發明新原理；這樣的下去，庶幾乎方有穩固的根底！等到四十週年或三十五週年時，有了顯著的好成績，也可以在世界上去講，就不至於竟是掛一塊招牌的了。等到那時候，我們當舉行一個公開的大慶祝，因為已經有了許多的成績在社會上了——不知我的話，諸君以為何如？

北京大學第二十五年成立紀念日的感言

　　本校今天是過第二十五誕辰的日子，本校已生存了二十四年，將占一世紀的四分之一了。這二十四年內，正是中國生活劇烈變遷的時代。他在北京首都城內，真所謂"飽經世故"！

　　出世不久，就遇着戊戌政變。繼遇着"拳匪"變亂，管理本校之管學大臣許景澄，因極諫清廷，勿妄信拳匪，而處極刑。生徒分散，校舍封閉。又遇辛亥革命，清帝退位，袁氏稱帝，張勳復辟。種種變故，本校均身歷其境。以上變故，均是先一新動機，連接一反動。戊戌政變是新動機，拳匪變亂是反動。辛亥革命，是新動機；袁氏稱帝，張勳復辟，是反動。世界進化，原來如此。"進化"從來沒有一帆風順的。

　　近幾年來，學生運動，是新動機。現在又遇一反動，這反動就是教育破產。本校過第二十五生日的日子，剛遇着教育破產的時期。我們還要慶祝什麼呢！我們不是慶祝這破產的反動。我們慶祝的，是這反動之後，"極而復反"，將來未來的，一個新動機。

　　這新動機是什麼？這是我們的希望，因我們的希望而努力。希望什麼？努力什麼？這要我們全校師生的反省。今日是本校第二十五年的生日，是我們全體師生反省的日子。

北京大學第二十五年成立紀念日演說詞

今天是本校二十五年的成立紀念日，過去的事實和未來的希望，已經校長和教務長講過了。現在我所要講的，就是希望要有好的"工具"。本校的設備，因經濟關係，不甚完全，我們現在所要的"工具"，就是要一所好的大會堂，能容納多數人在裏邊開會，不要再像這次臨時搭起蓆棚子。

還要造一個圖書館，我們方有研究和創造學術的地方。不過現在經濟困難，如何去辦呢？總務長天天跑來跑去，還是跑不出錢來。又如要想建寄宿舍，必要先覓地基，地基有了，但是沒有錢去買。在這種情形之下，實在覺得沒有法子。

現在我們預備無論如何困難，自今年起至明年止，必定將圖書館造成。離此不遠的地方，有一所房子，中央八十尺寬、六十尺長，將他蓋成圖書館後，可容四百人同時在裏邊看書。

這種小的計畫，預備在明年暑假前，一定要勉力辦成，諸位暑假後回校，當有新的圖書館，可以看書。

為北大念五週年紀念事致學生幹事會書

　　學生幹事會並轉全體同學諸君公鑒：昨閱日刊，見諸君對於本校念五週年紀念慶祝之籌備，組織周詳，甚盛甚盛。竊思學校亦社會組織之一，師生之於學校，猶父母子弟之於家庭；愛校之心，人所共有；每逢紀念，歡忭可知。故學校執政方面亦曾於數年前擬議，對茲念五週紀念，特舉行大慶祝。惟日月不殊，時事頓異，誠有非數年前今日所及料者！是本年之慶祝不可不就目前之情況，再為考慮。茲特條舉數事，願與諸君共審之：華會權利，前倡取消，臨案護路，頻頻刺耳，外交險惡，於茲為甚。至內政不修，校長因而去國；今則不特清明之無望，而每況愈下，正不知伊於胡底！時局艱難，國將不國；前此國慶，吾人既不得盡情慶祝；對茲校慶，亦將何以為情？此當考慮者一。政府視教育如無物，經費積欠已九閱月，學校勢將破產。機關之日常生活，尚虞不給；教職員勉力維持，已久苦枵腹；慶祝事項，在在需款，將從何出？此當考慮者二。學校之唯一生命在學術事業，近年經費困難，不特曩所擬議，如圖書館、大會堂等大建設，不能實現；即添購圖書、儀器等一切關於同學修學方面之設備，均無從發展。故今年之大慶祝，理宜展緩。此當考慮者三。現在國立八校，以經費無着，勢將關門；本校雖賴教職同人，困苦維持，而來日大艱，正自難言。故不特無舉大慶祝之經濟能力，實亦無慶祝之可言。不過每週紀念會，例當舉行；本年應仍小做，限於校內，屆時只放假一天。蓋處此時艱，學校生命岌岌可危，吾人愈當利用光陰於學業上，而作事與歡騰，不妨留待異日。所有展覽遊藝，但以簡而易舉，無礙學業，不耗財力者為限。其中檔案古物出版等展覽，手續繁重，且係學校方面之事，應由各該管機關自行決定舉辦與否。所有縮小慶祝範圍，實為情勢所迫，願諸同學共體斯意！至諸君愛校熱誠，固麟之所深表同情也。耑此並頌學祺。

蔣夢麟　十一月二日

臨別贈言

（民國十四年北大畢業同學錄序）

　　本屆畢業諸君和我同年到北京大學來的。那時正在五四運動的一年，我代蔡先生來到北京大學，辦理校中各事，那年的入學試驗，是我代蔡先生主持的，所以諸君畢業離校的時候，引起了我無限的感情，在此六年中，我們可算是患難之交了。在此期內於前四年中，學生罷學，教員罷教，鬧了沒一日安寧，諸君犧牲的光陰和學業眞是不少。到了後二年中，我們方得安穩度日，教的教，學的學，還算過得去；但這兩年中，政府欠發校款，竟積至十二個月以上，物質上的痛苦，真一言難盡。此後諸君畢業去了，我們留在學校的，不知還要受多少的苦痛。然而我們仍當本奮鬪的精神，向前進行，望諸位到社會裏去，也本着本校奮鬪的精神，向前進行！

北大化學會成立大會演說辭

今天化學會開成立會，是很好的。我想現在無論研究何種學問，大家都有二種困難：一是精神上提不起，學生無大興味；一是設備不完全，研究上不方便。有這二種困難，在學校在同學均覺得不易進行。然而有了團體，慢慢研究，就覺得有興趣了。研究會有二種性質：一研究學理，一謀貢獻於社會，以引起旁人的興趣。我在中學時學化學，在實驗室把藥水自這個管子倒進那個管子，看見黃的綠的，覺得很好看，但當時不知化學的道理。有一天，先生說試驗瓶裏的輕氣，如混雜着空氣，被火燒着，是要炸的；我不相信，後來果然炸了。先生責我，我說沒有燃火，瓶裏輕氣，自己爆發的。這當然是謊話。後來在美國，先生說科學與道德有關係。科學不說謊。如輕氣和空氣在瓶裏，見火要炸，你不信，他就炸了，科學教你不要說謊。我國人多不知科學與人生之關係。口頭上只知道說要科學，而頭腦內卻無科學。我看這是科學體魄已來，而科學精神未來。我希望諸君能把科學精神搬過來。美國有一工廠，於某處置廢物一大堆，後來有人利用廢物，製出物品，獲利甚豐。學生們聽說廢物中可取得出東西來，於是大家都高興去研究化學。這是就成績言。有了成績，可以提起興味。

哲學系一九二八級友會演說詞

據幹事報告此會組織，我覺甚為完善。至於各種學會之設立，近已普遍歐美各大學。我在美國加利福尼亞大學讀書時，哲學系教師中便有一個辯論會。每禮拜六開會一次，討論各種問題，我常去旁聽。當時所謂心理學還是屬於哲學的。大學尚沒有添設心理學系，心理學一門功課，仍附在哲學系中。此會對於心理問題時常辯論。記得有一次辯論松鼠食松子問題，有人主張此種天然能力乃上帝所賦，有人主張是生物競爭，適應環境之關係。又有一次一位先生講倫理學，大排宗教。由是各報紙大譁，痛責學校中不應有此教授。又有一位教授主張心理學無論如何發達，總難超出宗教。以上是當時辯論之情形，然心理學在美國後漸發達。本校尚沒有設哲學心理研究科，圖書儀器亦不完備，研究上諸多不便。你們自動的組織學會，甚好。你們的精神，亦似與前不同。但願以後不拘形式，共同努力去研究，將來必有發展之一日。今日所述，並非演說，不過隨意談話而已。

甲部預科二年級懇親大會演說詞

　　我和同學接觸之機會，除在大會堂上，千百人一塊兒，辨不清誰和誰之集會外，即為種種公事，如辦公文、請津貼，等等；個人間非為公事而來之晤談，幾乎沒有；即有，也只是泛泛地談幾句；所以今天這懇親會，我非常高興參加；但一進門，就看見先生坐一起，學生又是一起（當時會場佈置係口字形，先生面東，同學則三面環坐着），似乎太正式了；最好混坐着，隨便談談。我們校裏有一個現象，就是學生間系和系分得太清了。教員與學生，也太少接談的機會。我曾和顧先生談過，想提議下半年你們入本科時，不稱什麼系，什麼系；而改稱那系為主，那系為輔；每系中請幾個指導員，每員專任指導以該系為主之幾個學生。學生對於自己的指導員，不問學問方面，即個人方面之種種疑難，也可以請他給一個"Advice"，如此，則師生接觸機會較多，學生可多得指導之益，而情誼也自然濃厚了！研究之興會，也自然增高了！我好久想開一個茶話大會，先生、同學在一塊兒，可以隨便談談，無奈為經費問題，整日的忙碌，終於沒空。今天的會，甚合我的意思；所以我非常願意參加，不過太正式（Formality）了！請於各教員演說後，師生合坐一起，隨便談談，似尤親熱。

臨別贈言

（民國十五年北大畢業同學錄序）

青年時代，得有求學的機會，在中國現在的狀況之下，是很不易的。諸位同學，在本校研究學問六年了，這六年中，政治的擾亂，學校的困難，一年增加一年。諸君所受的痛苦，實在不少，所虛耗的光陰，至少占了百分之二十，這是我們對於諸君很抱歉的地方。前途茫茫，此後學校的困難，不知要比從前增加多少呢！

諸君離學校而去了。在社會上立身的困難，恐怕比在學校裏求學還要加甚。若非立志奮鬥，則以前所受的教育，反足以增加人生的苦惱，或轉為墮落的工具。這是諸君所當特別注意的。事業的成功，須經過長時間的辛苦艱難——成功的代價，走過了許多荊棘的路，方纔能尋獲康莊大道。立志是砍荊棘的斧斤，奮鬥是勞力。萬不可希望以最少的勞力，獲最大的成功。

第八編　雜　錄

教育評論

《新教育》月刊創設之用意——同人等察國內之情形，世界之大勢，深信民國八年，實為新時代之紀元。而欲求此新時代之發達，教育其基本也。爰集國中五大教育機關，組織新教育共進社。編輯叢書，月刊。蓋欲在此新時代中，發健全進化之言論，播正當確鑿之學說。當此世界鼎沸，思想革命之際，欲使國民知世界之大勢，共同進行，一洗向日泄泄沓沓之習慣。以教育為方法，養成健全之個人，使國人能思，能言，能行，能擔重大之責任。創造進化的社會，使國人能發達自由之精神，享受平等之機會。俾平民主義在亞東放奇光異彩，永久照耀世界而無疆。

教育與政治——吾國今日之教育界，有一種輿論，即但管教育，不談政治是也。同人以為此說當有界限，若漫無限制，則非惟教育將不成教育，政治亦將不成政治。今日國中優秀分子，以教育事業較為清高，而投身其間者，頗不乏人。若此班優秀分子，絕不注意政治，將一任政客之摧殘乎？教育家不關心政治，則學生亦將間接受其影響，將來政治之改良，將以何人負其責任乎？故同人以為政治一物，當分作兩方面觀。一曰政黨與政事，教育界所不當涉足或干涉之。涉足政黨，則政黨之變遷，將影響乎學校。學校之破裂，可立而待。干涉政事，則阻礙行政，拋荒職務，均不可也。二曰政論，若剖明是非，主張正義，啟發後生，養成平民政治之習慣等是也；操教育權者責無旁貸，棄而不顧，是棄其天職也。若夫拋荒學校職務，運動選舉。口雖不談政治，而實則貽禍教育，罪莫大焉。

今後之教育——世界大戰告終，世界思想，必多所變遷。吾國今後立國，內必斟酌國情，外必觀察大勢，使國人之思想與世界之潮流一致進行。教育為立國根本，欲解決中國種種問題，教育其一重要方法也。故今後之教育，不惟為全國教育界所當注意，即政治、實業、經濟界諸領袖亦當亟為研究。

去歲十月，全國教育會在江蘇省教育會開第三次聯合會，通過一議案，曰“今後教育之注重點”；主張發達平民主義，養成健全個人，促社會進化，注重科學、美感、體育、公民訓練諸點，當為國人所共同贊成者也。教育部已將此議案批准，通飭全國。此案既經全國教育會聯合會通過，復經國中最高教育行政機關布告，凡吾教育界中人，皆負有研究設施之責也。

各國退還賠款興辦教育之動機——吾國教育進行之緩，雖理由甚多，而教育經費之支拙，實一大原因也。自美國退還賠款，派遣留學以來，成效卓著。增進人類之文明，敦睦兩國之邦交，為益甚大。一九零八年五月二十五日，美總統羅斯福為退還賠款事，行文國會曰：“本國當盡其所能，助中國教育之進行。俾此幅員廣袤，人民眾多之國家，得適應世界之趨勢，共求進化。助中國教育發達之一道，為獎勵中國學生，來美留學，使受美國高等教育。吾國之教育家，務體此意，共同襄助。”七月十一日，美國駐北京公使通告中國政府，將中國庚子賠款除賠償實在損失外，一概退還。計美金一一，六五五，四九二，六九圓，並外加四釐息一并退還。查美國原得賠款計二四，四四〇，七七八，八一圓。一九零九年起，第一年退還四八三，〇九四，九〇圓。逐年增加，至一九四零年（民國二十九年）告終。是年增至一，三八三，七八五，三六圓。是美退還賠款之大概情形也（此後美國又有第二次退還賠款，吾國設中華教育文化基金董事會管理之）。據中外報紙傳聞，英日兩國亦有退還之議。此議若成，他國必見義勇為，相與繼起。則中國將來教育發達，友邦之加惠多矣。茲將此後各國賠款之數列後：

英	£ 10,738,992 鎊
葡	19,570 鎊
英代理各國	31,752 鎊
瑞典	13,327 鎊
德	Marks 389,169,974 馬克
奧	Crone 26,357,748 克勒尼
比	Franc 44,998,190 佛郎
西班牙	717,666 佛郎
法	354,915,001 佛郎
意	141,167,885 佛郎
美	$ 34,566,905 金圓
日本	£ 6,923,661 鎊
俄	27,521,393 鎊
荷蘭	1,986,616 弗樂林

各國統計每年應還本利總數，合中國银兩如後：

1918 年至 1932 年（民國七年至民國二十一年）每年計：24,483,800 兩。

1933 年至 1940 年（民國二十二年至民國二十九年）每年計：35,350,150 兩。

教員與書籍——求知識之方法甚多，胡居仁曰："窮理非一端，所得非一處，或在讀書上得之，或在講論上得之，或在思處得之，或在行事上得之。讀書上得之雖多，講論上得之尤速；思處得之最深，行事上得之最實。"吾人強半之知識，得之於書籍，故雖有講論、思處、行事所得之知識，若不讀書，則見聞必狹。況談論思想兩者不能在虛無空洞間行之？故若無書籍為後援，則鑿空蹈虛之弊，恐不能免。吾入教員室，見書籍稀少，於是知吾國教育界知識之欠缺，為教育前途抱無窮之隱憂。竊願為人師者，每日規定時間，瀏覽羣籍。學校執政者，劃定經費，興辦學校藏書。於吾國教育之進行，為助不少也。

（八年二月，《新教育》）

教育與交通——教育不普及，則共和國家之前途甚為危險，此人人知之。欲求教育之普及，有一根本問題，須先解決者，即交通問題是也。美國治菲律賓，先修道路。蓋道路不修，交通不便，知識無從傳達。吾人聞諸書業中人曰，銷書區域，多沿鐵道、河道諸地，凡交通愈便者，銷書愈多。知識與書籍有密切之關係，書籍之傳布與知識之傳布成為一正比例。凡一區域內，銷書籍愈多，則其人民之知識愈廣。不特此也，交通便利，則來往者多。來往者多，則見聞廣。教育固非僅限於知識，然知識為教育之大部分。故欲教育之普及，非廣築鐵道，多修道路不為功。近月以來，統一全國鐵道之聲，傳布全國。一班輿論，於統一鐵道政策，一致贊成。惟於國際公共管理一節，多數反對。吾人之意，以為主權必須保護，自無疑義，而於投資者之權利，亦不能完全不顧。終須詳細討論，雙方得交互之利益，行政大權自我操之，事務上之管理，由彼協助之。

並與以查賬稽核之權，以示信實，外人當自視為整理中國鐵道之信託人，一是當以中國之利益為前提，凡中國工程師及事務員，須得優先之機會。如此辦法，雙方有利。至於研究詳細辦法，非本月刊範圍內事。惟略示大旨，喚起教育界諸君之注意耳。

總之，吾國教育之普遍發達，斷賴交通之便利，而鐵道又為交通之中樞。故吾人希望此統一鐵道政策之成功。十年之內，使吾國重要幹路成就，則中國之進步，必加速百倍焉。

城區之教育行政——現在省城與大府城之小學，多則十餘處，少則五六處。每校有校長一，各自為政，不相統屬。故一城之中，學校程度不一，教科程度不一，此急宜設法補救者也。吾人之意，以為一城之中，全數小學，須統屬一機關之下；督促其進行，改進學科，使其程度日高。其辦法：一城之中，須設一教育局；局長一人，為全城小學行政之長。局長以下，視學若干人，按期視察各校，以助校長之不及。又專科視察若干人，分國文、算術、歷史、手工、圖畫等科。每科以一人專之，或一人兼任一二科。凡城中各校之某科，須歸其一人專行視察，俾各科教師，得有指導人為之幫助，教科得藉以改良。例如算術視察，每日依次輪視各校之算術教科，往講堂聽講，凡教法不善，當於下課後指正之，並自己教授之，以為模範。為教員者，一方面教人，一方面受教，則改良教科之目的，得以達矣。

敢問教育界之新精神安在——吾國近年以來，教育界中人，都成了一種精神疲弊的樣子，大家似乎有一種說不出來的苦衷。回想十五年前興高彩烈的氣象，全沒有了。吾人苦心思索，以為有五個道理：（1）以前謂學堂一開，中國便強，至今尚無實現的結果，所以不知不覺的灰心了；（2）以前視教育為一種神通，玄妙不可思議，故人人都存一種好奇心。今日看來，亦不過如此，故熱度漸減；（3）以前熱心的人，後來都受了苦處，故大家持冷靜態度起來；（4）生活程度漸高，吃飯的問題在背後趕來，大家應付不暇；（5）革命以後，教育界中能幹的人，乘了機會，加入政治工作。有此五個道理，所以教育界中人都變成了精神疲弊的樣子，把社會基本事業，視作無關痛癢。非矯厥弊，無以立國。然則將有何術以救之乎？

曰：養成教育界之新精神耳。其道奈何？一曰求世界之新知識。今之號稱學者，或好古而沉於訓詁，或好文而溺於古文詞章；而於世界知識，視為無足輕重。夫以教育界自稱領袖之人，其思想不外乎不論理的古籍，其眼光不出方十餘尺的課堂，不知世界做什麼事，若爾為學，安能奮發精神？二曰存高尚的觀念。吾人觀夫東洋諸哲，如孔子、墨子、孟子、文中、晦翁、象山、陽明者，何一不抱高尚的觀念？西洋諸哲，如蘇格拉底、裴斯泰洛齊、福祿培、斯賓塞者，亦何一不抱高尚的觀念？觀念在前，人告奮勇，教育之精神由此而出。若夫身居教育界，而但以物質的報酬為前提，則錢多者往，事難者退，是乃役於物者而已。三曰信仰。吾人作事之所以前往不屈者，以有信仰耳。信仰不堅，因事思遷。今日為之，明日疑之。教育事業尚得發達乎？故吾人當以"教育為確能造成人類之幸福"，為吾人之信仰。諸君欲為人類之領袖乎？在自己養成之而已。

人生在世，終日碌碌，究竟作什麼？吾人一生對於社會進步，能盡一分力，方不愧為堂堂底一個人。

高等教育與思想及言論自由——文明之進步，賴自動的領導，賴高等教育之思想及言論自由以養成之。"大學學問自由"（Academic Freedom）之主張，已成歐美之先進國學問之大憲章。雖以德國軍閥之橫暴，而大學之中，自成一種自由國，而莫敢侵犯。

他若英之牛津、劍橋；法之巴黎；美之哈佛、耶路，諸大學，莫不以保全學問自由，為神聖不可侵犯之事。吾國高等教育，近方萌芽，欲求將來學問之發達，亦非保其學問自由不可。三月四日上海《申報》，傳來北京專電，載大學教授四人，因出版物被驅逐。一時驚聞四傳，學界惶恐。吾人聞之，以教育部諸公之明哲，大學校長之重望，必竭其所能，保全學問自由之大憲章，以維教育獨立之精神。後得京訊，果無其事，人心始安。茲特選錄上海報紙對於此事之言論如下，蓋亦可以窺輿論之一斑矣。

三月五日，《時事新報》曰：“……夫大學者，囊括大典，綱羅衆家之學府也（此係大學校長蔡先生之言）。凡任大學教員者，宜有思想自由、學說自由之權利。出版物者，發表思想學說之機關也。則大學之出版物，自不當受外界拘束。今以出版物之關係，而國立大學教員被驅逐，則思想自由何在？學說自由何在？以堂堂一國學術精華所萃之學府，無端遭此奇辱，吾不遑為……諸君惜，吾不禁為吾國學術前途危。願全國學界，對於此事，速加以確實調查，而謀所以對付之法，毋使莊嚴神聖之教育機關，永被此暗無天日之虐待也。”

六日，該報對於此事又曰：“當此學說自由之時代，苟非實際上之動作，而純為理論之討究者，皆應有自由之權利。……”

五日，《中華新報》：“……夫大學為一國學術之府，教員皆圭璧自愛之士。而以一己之愛憎不同，遽下逐客之令，自民國建立以來，未有辱士若此之甚者也。……”

後得都中確訊，實無其事。《時事新報》以“大學教員無恙”為題評論曰：“……凡欲革新一代之思想學術，終不免有忤逆世俗之處。來日方長，挫折正未有艾。寄語以革新事業為己任者，勿以區區之恫喝而遂氣沮也。"

記者曰，教育部為全國學府之中心，吾知必能為學問自由之保障者，必不容外力之干涉。苟因此而受他種勢力之反對，則全國興論，必為主正義者之後盾也。

（八年三月，《新教育》）

學術進步之好現象——自蔡子民氏長北京大學以來，網羅國中新舊人物，主講大學。新派竭力提倡思想文學之革新。舊派恐國學之淪亡，竭力以保存國粹為事。於是新舊兩派作思想學術之競爭，而國立大學遂為此競爭之中心點。高屋建瓴，其勢將彌漫全國，由黃河而長江，由長江而浙水、閩水、珠江，必將相繼而起。昔歐洲文運復興，肇自意大利古城。由意而德而法而英，卒至蔓延全歐，釀成十八世紀之大光明時代；而中古千年之漫漫長夜，若遇天笑而復光明，星星之火，竟至燎原。彼被動派之反抗，猶若揚風止火，適足以助其燄耳。

今日吾國之新潮，發軔於北京古城，猶文運復興之發軔於意大利古城也。其彌漫全國之勢，猶文運之澎湃全歐也。此豈非學術進步之好現象乎？

浙江之教育潮——兩浙為姚江學派發源之地。姚江學派者，重人生而輕死書者也。今日吾國教育之大弊，在重死書而忘人生。此所以讀書愈多而生命力愈薄；作繭自縛，識者憂之。茲聞浙中抱新思想者，將順世界大勢，國中新潮，倡教育潮月刊。南望浙水，滾滾錢塘之潮；北視首都，滔滔新學之勢，令我生無限感情也。

教育調查會——教育部召集國中教育界領袖，組織教育調查會，調查教育重要問題。茲已組織調查股，提出問題，按時調查，以為教育革新之基本。並通過修改教育宗旨議案，陳請通布。觀其"養成健全人格，發展共和精神"之語，誠適合世界大勢，國中情形者也。

天津市學校調查會——醫生之增進個人體力也，先察其肺量、目力、筋力、心跳速度等等，而後投以良劑。教育家之欲增進學校能率也，亦必先察其行政管理之如何，經費之源流，各科之教授，兒童之體格，而後下改良之方。美國紐約市，費美金十萬之鉅款，調查市中學校，作數萬頁之報告，全國城市之仿行者，不下數百處。茲天津南開中學校長張伯苓氏，以求我國學校之政良，非劃定區域，用科學方法，實地調查不可。特約國中教育專家，商訂辦法，以天津市為下手調查之處。刻已預備一切，儘先舉行。

江浙省教育會協進會——江浙兩省為江南姊妹之邦。富庶同，氣候同，人情風俗同。故兩省教育會聯合組織協進會，以求共同進行。兩方已推定代表，滬杭輪流開會，協商兩省教育進行辦法。同人願關外之奉吉江三省，及其他有密切關係之鄰省，亦組織此種協進會以圖教育上之聯合進行也。

（八年四月，《新教育》）

膠州問題與教育權——當日本與德宣戰時，曾宣言膠州將歸還中國。歐戰和平會議中，我國代表力爭膠州，請求直接歸還中國，數月前新聞傳來，膠州將由英、美、法、意、日五國暫時管理，然後歸還我國。國人聞之，頗為滿意。不料數星期前，歐訊傳來，和議草約中，規定將膠州歸日本，國人大懼。北京學生，首發其難，結隊遊行，作示威運動。至曹汝霖家，羣擬向曹詰問，何以與日本祕密訂約，賣吾山東利權？曹氏遁逃，章宗祥被獲，羣眾痛毆之，章重傷，曹氏宅不知何故失愼，國人稱快。學生被補者二十餘人。於是北京專門以上學校校長，齊向警廳保釋。幾番交涉，始得達目的。報章傳聞，政府將處學生死刑，解散大學。全國恐怖，函電紛馳，羣相救護。後京訊傳來，始知傳言失實。然大學校長，因此辭職。某部某派，利用機會，欲將北京全體學生之舉動，加罪於北京大學。將新學勢力，根本推倒。教育部本為閒散之部，政客素不注意，待學生事出，始知靑年學生，手無寸鐵，竟敢與赫赫大員宣戰，若不將教育部拿在手中，用其全力掃除新學，則眞理昌明，魔鬼將無立足之地。力主公道之傅總長，於是被逼出走，而某派某部，手舞足蹈，以為此後全國教育中樞，將為彼囊中之物。羣小弄權，加禍於我山東聖地，猶以為未足，而必欲加禍於全國靑年。同為中國人也，煮荳燃萁，問心忍乎不忍？人心未死，必有以報諸公斷送聖地之鴻恩，摧殘教育之大惠也。

　　教育新精神之利用——北京學生愛國熱誠勃發後，全國學界，相繼而起，振刷精神，與黑暗魔力作戰。其成敗雖未可逆料，而教育之新精神已於此時產生矣。此後教育界所當為者，厥為二事：（1）如靑年勝而魔鬼敗，則當益自奮發，勵志勤學，勇往直前。把中國社會、政治二者，從精神上基本的改造之。（2）如魔鬼勝而靑年敗，則知中國尚為魔鬼世界，靑年之能力，猶未足以抗之。一面當保護此新精神，勿使基本摧殘。一面當講學以厚靑年之能力。戰端旣開，惟有揚旗鳴鼓，勇往直前而已。耶氏有言：“但求眞理，眞理自放光明。”講學以求眞理，眞理得而黑魔自去。根本救國之道，如是而已。

　　軍國民主義與教育——世界之迷信軍國民主義者，以此為强國之萬應如意油、百病消散丸。弱國服之，卽變成强國。然而萬應如意油或竟不一應，百病消散丸或竟不能治一病。甚或因迷信一藥，而忘延良醫，卒致不可救藥者。然則所謂良藥者，適足以殺其身而已。軍國民主義亦猶是也。夫强國之道，在乎强民，不在乎强兵，民不强而强兵，則兵必殺民。强民之道奈何？曰：養成健全的個人，創造進化的社會而已。個人健全，社會進化，立國之本也。具此二者而未嘗講軍國民主義，其兵力足以稱雄世界者，英美法是也。具此二者而復加以軍國民主義，昔日之稱雄世界者，德國是也。德國雖敗，其民仍强，是則德國之根本，猶在民而不在兵也。吾人不察，徒知德國重軍國民主義，殊不知德之文學、哲學、美術、科學，皆列世界領袖之羣乎？吾國文學之陳腐，哲學之幼稚，美術之衰落，科學之無有，其有資格足以步武德國之軍國民主義乎？卽有之，吾人又何苦故蹈德國之覆轍耶？或曰：歐洲此次和平會議，爭權奪利，强國自肥，弱國犧牲，刀頭之血未乾，正義之聲已寂，子其何以解之乎？記者曰：此世界之政權，猶操於少數“老外交家”與夫“軍閥派”之手故也。杜威博士曾謂記者曰：“世界無領袖，彼操政權者不知社會之變遷，時勢之先兆，故用其昔日之手段而欲解決今日之問題，世界之大難，猶未已也。”杜威夫人聞之曰：“平民主義之希望，在無知識之選舉人。”和會之不滿人意，其罪不在平民主義，而在少數操政權之領袖。吾輩講教育者，正當揚旗鳴鼓，竭力鼓吹平民主義，以圖最後之勝利。教育事業，志在百世，稍受挫折，不足以動吾心也。社會之變遷，時勢之先兆，惟先覺者覺之。

　　南方當急立大學——吾國之大，而足以號召全國之大學惟二：曰北京大學，曰北洋大學。北京大學設文理與法科，北洋大學設工科，分之為二，合之實一也。吾國教育雖幼稚，而據民國四年統計，全國學生已達四百萬人有奇，其中中學生計七萬人；僅一國立大學，其足以容納之乎？且查全國學生數，黃河流域及以北諸省，僅一百六十萬人，而長江流域及以南諸省，有二百三十五萬人。以二百三十五萬之區域，而無一大學，執政諸公，將何以自白於吾民乎？

嗚呼江浙兩省省議會——民國之基礎在地方自治，地方自治之最高機關，為省議會。是省議會之責任何等重大，位置何等尊嚴。乃當此全國擾攘之際，處全國領袖地位之江浙兩省議會，不聞建一議以福吾國民，而江蘇省議會，反作增加公費俸給以自肥之創舉。仲尼曰："始作俑者其無後乎？"浙江議會，聞風繼起，誠不愧為兄弟之邦！奪公款以肥私囊，廉恥道傷，於此已極；浙江公民不得已乃出拋擲冥鏹之舉動。彼為議員者，損議會之尊嚴，負國民之付託，清夜捫心，能無愧乎？

雖然，吾教育界亦不得辭其咎也。當省議會舉行選舉之際，買賣選舉票之聲，震蕩耳鼓，教育界不出而糾正之於前，迨其罪惡已現，始責於後，毋乃太遲乎？為根本之計，此後教育界當於下屆選舉時，出而監察之；防患於未形之際，事較易而成功亦較多也。

（八年五月，《新教育》）

北京大學新組織

西諺云："舊壺不能盛新酒。"北京大學為新思潮發生地，既有新精神，不可不有新組織，猶有新酒，不可不造一新壺。

（1）選科制：北大內部更改，逐漸進行，已兩年於茲；先援美國哈佛大學例，採選科制。往日之規定，四年功課，為學校所規定，不論學生性之所近與否，均須一律學習。猶如西諺所謂"強馬飲水"。選科制准學生於性之所近，於規定範圍內自由選擇，願飲水的馬則飲水，願吃草的馬則吃草，人各隨其個性而發展其學力，豈不甚善。東京帝國大學，現亦採行矣。茲本教授治校之宗旨，定新組織如下。

（2）組織四大部：北大內部組織現分四部。①評議會，司立法。②行政會議，司行政。③教務會議，司學術。④總務處，司事務。教務會議仿歐洲大學制。總務處仿美國市政制。評議會、行政會議兩者，為北大所首倡。評議會與教務會議之會員，由教授互選，取德模克拉西之義也。行政會議及各委員會之會員，為校長所推舉，經評議會通過，半採德模克拉西主義，半採效能主義。總務長及總務委員為校長所委任，純採效能主義，蓋學術重德模克拉西，事務則重效能也。

（3）諸系：大學各科分四組，計十八系。已有數課而尚未成系者計五系。現已實行者計十三系。將來添一門學科，多一系便可，不必設某科大學矣。

（4）各系主任：各系有一主任，由教授互選。現計已實行者十三系，有主任十三人，任期二年。十三主任合組教務會議，操全校學術之大政。

（5）教務處：教務處為教務會議所組織，各系主任互選教務長一人，長全校之學術，任期一年。

（6）評議會：評議會會員由全體教授互舉，約每五人中舉一人。現有教授八十餘人（講師、助教百五十餘人不在內），舉評議員十七人。校長為評議長。凡校中章程規律，均須經評議會通過。

（7）行政會議：由十一個委員會委員長（臨時委員會不在內），及教務長、總務長組織之。校長為當然議長。會員資格，以教授為限。行政會議，操全校行政之權。

（8）各委員會：由校長推舉，評議會通過，操一部分行政之權：一，庶務委員會，操校舍、雜務、齋務、衛生之行政。二，組織委員會，主管大學改組、整理、起草章程、修改規律等事項。此次改組由該委員會起草者也。三，學生自治委員會，接洽學生自治事項。有學生代表三人。四，出版委員會，審查出版書籍，並策畫出版之行政。五，預算委員會，制造大學預算。六，審計委員會，審查大學賬目。七，圖書委員會，操圖書館之行政。八，儀器委員會，操儀器室之行政。九，聘任委員會，審查各方面薦來教職員之資格。十，入學考試委員會，定入學考試之標準。十一，新生指導委員會，為新生入學時之顧問。

（9）總務處：由校長委任之總務委員會組織之。其中一人，由校長委任為總務長，操全校事務之權。總務處分校舍、雜務等十三課。其組織，合數課為一部，以總務委員掌之，曰某部主任。現合校舍、雜務、齋務、衛生四課，曰庶務部。庶務主任掌之。合介紹、詢問、註冊、編誌四課為一部，曰註冊部。註冊主任掌之。出版自立一部，出版主任掌之。文牘、會計兩課，直隸於總務長。圖書自立一部，圖書主任掌之。儀器自立一部，儀器主任掌之。各員合之稱總務委員，公決事務之進行，總務長執行之。分之為各部主任，執行一部之事務。

（九年二月二十三日，上海《申報》）

說明北京高師事件經過之
事實致陳寶泉先生書

　　筱莊先生大鑒，敬啟者：頃讀先生辭北高校長職後之宣言，謂先生之辭職，首因北大不肯與高師聯絡；又高師畢業同學某某五君之通啟，謂先生主張高師與大學能聯絡不能合併；學生諸君上本校教職員書及致嚴範老諸公之通電；謂先生之辭職，為某教育會某學閥之欲吞噬高師，及某系之逼迫而然；而傳聞竟有謂江蘇省教育會欲併吞北高，而麟主其謀者，在學生諸君之通電所言某教育會某學閥不知係何所指？姑置勿論。而總括以上言論，或形諸筆墨，或佈諸口舌，似以麟代表江蘇省教育會，又代表北大，逼先生辭職而併吞北高，因欲府獄於麟者。事跡之離奇，誠百索而莫解。今略舉經過之事實，質之於先生，為時不過數星期，想先生猶能記憶也。

　　高師歸併北大之議，事實上曾有之，毋庸諱言。然而倡此議者為先生而非麟，先生曾記憶當先生向教育部表示辭職後之某日，北京專門以上校長公謁范總長後，先生邀麟至鎰昌飯店吃茶之時乎？彼時先生曾將北大與高師合併之議商諸麟，並囑麟為轉達范總長。談約半小時之久。別後，麟以此事關係部定學制，並北大組織，況蔡先生赴湘未回，更未便負此重責。故次日見范總長時，未將此事提及，數日後赴部，范總長謂麟曰：「筱莊對我談及，欲將高師歸併北大，此事部裏辦不到。"麟答曰："蔡先生卽將赴法，卽使部裏辦得到，我個人恐怕負不起這種重任，現在北大一校，事務已極繁重，若再加以高師，精力不够。"此事遂作罷論。是麟對於先生提出北高歸併北大之議，初卽居於反對地位也。

越數日，蔡先生自湘回京，先生復提此議。麟謂："先生之意雖好，但蔡先生赴法後，我個人精力兼顧不到，可待蔡先生歸國後再商。"後一二日，蔡先生謂麟曰："歸併之議，我亦不贊成。但筱莊說現在只要聯絡，不要歸併，此事我們終要幫他的忙。"是此時先生始改合併之議為聯絡。麟當時猶持異議，謂："聯絡如何方法，須詳細討論，但蔡先生去後，使我支持北大，已非容易，若再要我兼顧高師，實覺太困難。"蔡先生終持"我們總要幫忙"之議，是麟於先生改合併為聯絡之後，猶未表贊成也。

後范總長電話招蔡先生與先生及麟到部談話，先生力持高師不能獨立之說，引加倫比亞大學之教育院為先例。彼時麟曾謂："以高師校長而謂高師不能獨立，則其不能獨立可知，不過麟個人實以精力不能兼顧，所以不能贊成。"（當時先生并提出聯絡辦法數條）而蔡先生仍本幫忙之旨，謂："此事我們須商量一個辦法。"我說："我們北大可以開評議會討論。"先生說："此事須祕密。"蔡先生說："那麼我們請幾位同事談一談，不要開評議會了。"

次晨，遂招數同事商量。麟屢說："我精力顧不到，此事還要待蔡先生回來後再辦。"蔡先生總說："筱莊既然定要與我們聯絡，現在不能不幫他的忙。"於是大家商量聯絡辦法，討論結果，以兩校性質不同、辦法不同，不易聯絡，只有參考科倫比亞大學辦法，由北京大學先辦一教育院，北京高師學生畢業後，可入教育院三年級，補習不足科目，及自由選修大學各系科目，兩年畢業，授予教育學士學位，以此意為根據，擬定辦法數條，即由麟電話通知范總長。范總長電招先生與麟到部。麟將條件與組織表先請范總長閱看，范總長說："待筱莊來商量。"約數十分鐘，先生到部，麟將條件與組織表交先生閱看，問先生意見如何，並謂"此議不過我們對於先生要求幫忙提出之意見，去取或應如何修改，還請先生決定"。先生閱後略有所問，連說："那很好"。是北大提出之辦法，係應先生之請求，而復經先生之贊同也。

越數日，麟與先生及范總長會於部中，復問先生，先生仍謂提出條件，甚為妥洽。范總長纔說："就是照了這樣做去吧。"並囑麟速由北大呈部，請辦教育院；又私謂麟曰："筱莊辭職不知多少次，現在實在急得不了，辦不下去；我看他十分為難，你趕緊預備呈文罷。"此十九日星期五下午五時也。繼因先生亟於求去，於是部中遂有先派校長之議。范總長徵求先生同意，先生答曰："甚善。"是新校長之派定，固先徵先生之同意，而復經先生之贊同也。

此時陶孟和先生適往天津，范總長囑麟勸駕。麟以先生曾有函致麟，謂陶君繼長師校，以各方面觀之最為妥洽，故星期日陶先生回京，麟卿命往勸。陶先生說："我不行的，還是讓我教書罷。我在天津與嚴範老商議，範老也不贊成。"我說："我們大學裏確是不願你去；你去，我辦事更苦了。但筱莊實在為難得很，請你幫幫他的忙罷。且筱莊給我來信，也說從各方面看來，你最為妥善。"當時麟即以先生來信示陶先生，陶先生尚猶豫未決，復經旁人力勸，始勉強允許。二十二日星期一下午五時許，當部令未發表以前，范總長尚徵求先生同意，先生贊成，於是部令始下。是部令任陶孟和君為校長，先生亦參與而贊同者也。

此事經過之實在情形，大略如是，至先生辭職之真因，先生自知之，外人毋庸代贅一語。但合併之議，實先生倡之於前；北大提議，亦先生要求所得；新校長之委任，先生復參與其間；此事經三面再四磋商，其議始定。先生始終主持其間，並始終主張祕密；故外間於此事多不明真相。

以上情形，麟據直以書，語語可負責任；其他牽涉某教育會某系之談，究竟有何種用意，非麟所知。麟素性戇直，既有所聞，不能隱而不宣。麟於此事始則完全反對，繼則勉強參預，事實如此，而指為吞噬北高之人；然則先生之創議於前，堅請於後，為此事之主動者，不知又將得何罪名！

麟於此事之關係，事實上係代表北大，就先生所請求各節，與先生商定辦法。且先生之辭職在前，先生之主張與北大合併聯絡在後；麟之秉承范總長、蔡校長與先生商定辦法又在後。而外間不根之談，謂麟為逼先生辭職，不論其根據之事實何在，時間順序亦完全倒置，此則悠悠之口可以置之；而先生復自稱其去職，為因於北大之不肯與北高聯絡，抑何違於事實而亂其因果？此則麟有所疑而願以質之先生者。先生之所以首創合併，繼求聯絡，其用意究竟若何？麟既未深求於前，亦未敢懸揣於後。惟事實之真相，麟為預聞之一人，不敢以意變亂，既有集矢於麟之人，自不能任其顛倒黑白，不加辨正，願公布事實，藉明真相。專此佈達，敬請台安。

蔣夢麟拜啟　九年十一月三十日

北大之精神

本校屢經風潮，至今猶能巍然獨存，決非偶然之事。這幾年來，我們全校一致的奮鬥，已不止一次了。當在奮鬥的時候，危險萬狀，本校命運有朝不保夕之勢；到底每一次的奮鬥，本校終得勝利，這是什麼緣故呢？

第一，本校具有大度包容的精神。俗語說"宰相肚裏好撐船"，這是說一個人能容，才可以做總握萬機的宰相。若是氣度狹窄，容不了各種的人，就不配當這樣的大位。凡歷史上雍容有度的名相，無論經過何種的大難，未有不能巍然獨存的。千百年後，反對者，譏議者的遺骨已經過變成灰土；而名相的聲譽猶照耀千古，"時愈久而名愈彰"。

個人如此，機關亦如此。凡一個機關祇能容一派的人，或一種的思想的，到底必因環境變遷而死。即使苟延殘喘，窄而陋的學術機關，於社會決無甚貢獻。雖不死，猶和死了的一般。

本校自蔡先主❶長校以來，七八年間這個"容"字，已在本校的肥土之中，根深蒂固了。故本校內各派別均能互相容受。平時於講堂之內，會議席之上，作劇烈的辨駁和爭論，一到患難的時候，

---

❶ "主"，疑為"生"。——編者註

便共力合作。這是已屢經試驗的了。

但容量無止境，我們當繼續不斷的向"容"字一方面努力。"宰相肚裏好撐船"，本校肚"裏"要好駛飛艇才好！

第二，本校具有思想自由的精神。人類有一個弱點，就是對於思想自由，發露他是一個小膽鬼。思想些許越出本身日常習慣範圍以外，一般人們恐慌起來，好像不會撐船的人，越了平時習慣的途徑一樣。但這個思想上的小膽鬼，被本校漸漸兒的壓服了。本校是不怕越出人類本身日常習慣範圍以外去運用思想的。雖然我們自己有時還覺得有許多束縛，而一般社會已送了我們一個洪水猛獸的徽號。

本校裏面，各種思想能自由發展，不受一種統一思想所壓迫，故各種思想雖平時互相岐異，到了有某種思想受外部壓迫時，就共同來禦外侮。引外力以排除異己，是本校所不為的。故本校雖處惡劣政治環境之內，尚能安然無恙。

我們有了這兩種的特點，因此而產生兩種缺點。能容則擇寬而紀律弛。思想自由，則個性發達而羣治弛。故此後本校當於相當範圍以內，整飭紀律，發展羣治，以補本校之不足。

（十二年十二月十七日）

編後記

    蔣夢麟（1886~1964 年），浙江餘姚人，中國近現代著名教育家。蔣夢麟幼年曾在私塾讀書，後進入紹興中西學堂，開始學習外語和科學知識。在家鄉參加科舉考試後，中秀才。1908 年 8 月，前往美國留學。1909 年 2 月，進入加州大學，先後學習農學、教育。於加州大學畢業後，前往哥倫比亞大學研究院，師從杜威，攻讀哲學和教育學。1917 年，蔣夢麟獲哲學及教育學博士學位後歸國，任北京大學教育系教授，先後擔任國民政府教育部部長、北京大學校長等職務。

    本社此次印行，以商務印書館 1932 年出版的《過渡時代之思想與教育》為底本進行整理再版。在整理過程中，首先，將底本的豎排版式轉換為橫排版式，並對原書的體例和層次稍作調整，以適合今人閱讀。其次，在語言文字方面，基本尊重底本原貌等。與今天的現代漢語相比較，這些詞彙有的是詞中兩個字前後顛倒，有的是個別用字與當今有異，無論是何種情況，它們總體上都屬於民國時期文言向現代白話過渡過程中的一種語言現象，為民國圖書整體特點之一。對於此類問題，均以尊重原稿、保持原貌、不予修改的原則進行處理。再次，在標點符號方面，由於民國時期的標點符號的用法與今天現代漢語標點符號規則有一定的差異，並且這種差異在一定程度上不適宜今天的讀者閱讀，因此在標點符號方面，以尊重原稿為主，並依據現代漢語語法規則進行適度的修改，特別是對於頓號和書名號的使用，均加以注意，稍作修改和調整，以便於讀者閱讀和理解。最後，對於原書在內容和知識性上存在的一些錯誤，此次整理者均以"編者註"的形式進行修正或解釋，最大可能地消除讀者的困惑。

文　茜

2016 年 10 月

《民國文存》第一輯書目